Ratzfatz Low Carb gekocht!

55 LOW-CARB-REZEPTE, EINFACH UND SCHNELL, FÜR JEDEN TAG

systemed

Über die Autorin

Die gebürtige Odenwälderin Bettina Meiselbach startete mit einem betriebswirtschaftlichen Studium in das Berufsleben. Nach 25 Jahren im Personalmanagement und einem Burn-out später, krempelte sie 2014 ihr Leben komplett um. Sie entdeckte die Low-Carb-Ernährung für sich, warf fast 60 Kilogramm Gewicht ab, wies ihre Diabetes-Typ-2-Erkrankung in die Schranken und ließ den alten Job hinter sich. Die begeisterte Hobbyköchin und Ernährungsexpertin begann den Blog HappyCarb.de zu schreiben – der sich schnell zu einem der meistgelesenen Low-Carb-Blogs im deutschsprachigen Raum entwickelte. Der dann folgende Schritt zur Buchautorin war danach nur noch ein ganz kleiner.

Wichtiger Hinweis: *Das vorliegende Buch berichtet von den persönlichen Low-Carb-Erfahrungen der Autorin und bietet eine Reihe von, nach Meinung der Autorin, gesunden Rezeptideen. Das Buch ersetzt jedoch keine medizinische Beratung. Bei Bedarf sollte vor einer kohlenhydratreduzierten Ernährungsumstellung ein Arzt konsultiert werden. Die Autorin übernimmt von daher keine Haftung oder Verantwortung für eventuell entstehende Schäden.*

Inhalt

Vorwort

1. VORWORT

»Wenn ich mal ganz viel Zeit habe, dann mache ich auch Low Carb.
Zu viel Aufwand und Zeit in der Küche.
Lauter exotische Zutaten, für die man in 5 Läden muss oder
die nur per Internet zu bekommen sind.
Für den schmalen Geldbeutel nicht zu stemmen.«

Die Liste der möglichen Einwände ist lang, und die Argumente sind zum Teil auch nicht ganz unbegründet. Würde ich alles abstreiten, wäre es gelogen, und so fange ich kein Buch an!

Ja, es wird bei Low Carb definitiv mehr selbst gekocht, und das kostet mehr Zeit und Arbeitseinsatz, als eine Packung Fertiggericht aufzureißen. Ja, es braucht mehr frische Lebensmittel, die zuvor eingekauft werden müssen. Ja, Gemüse kann preislich nicht mit einer Packung Nudeln mithalten. Und ja, kohlenhydratarmen Zucker- und Mehlersatz gibt es nicht in toller Auswahl im Supermarkt um die Ecke und Mandeln sind sauteuer.

Ich kann sicher nicht zaubern, präsentiere jedoch mit meinem Buch, »Ratzfatz Low Carb gekocht!«, einen Kompromiss für alle, die nach schnell gekochten Low-Carb-Rezepten suchen, bei denen der Einkauf keine komplizierte Herausforderung darstellt und je nachdem, ob der Einkauf beim Discounter oder im Biosupermarkt erfolgt, auch der Geldbeutel nur den eigenen Möglichkeiten entsprechend strapaziert wird.

Low Carb für jeden möglich zu machen, ist mein großer Wunsch, der so hoffentlich ein Stück weit in Erfüllung geht. Gerade für Low-Carb-Anfänger ist die unkomplizierte Herangehensweise ein perfekter Einstieg in die kunterbunte Happy-Carb-Welt.

Wer es also eilig hat und schnell lecker Low Carb genießen will, wird mit meinen neuen Rezepten sicher happy. Einfach und schnell bedeutet zum Glück nicht unlecker, was auch nicht zu mir und meinen Kochbüchern passen würde.

Lassen Sie sich auf meine Ratzfatz-Küche ein und kochen Sie sich kreuz und quer durch das Buch. Wenn Sie dann hoffentlich vollständig happycarberifiziert sind, gehen Sie mit meinen anderen kunterbunten Kochbüchern einen Schritt weiter und kommen Sie endgültig im Low-Carb-Himmel an. Ich freue mich auf Sie.

Ihre

Bettina Meiselbach

Wie und warum aus Pasta auf dem Teller gesundes Gemüse wurde

2. WIE UND WARUM AUS PASTA AUF DEM TELLER GESUNDES GEMÜSE WURDE

Es war einmal ein Mädchen, das ganz viele Jahre mit dem Gewicht schwerste Probleme hatte …

Dieses Mädchen kam dann mit Mitte vierzig in ernste Schwierigkeiten, denn die Gesundheit nahm ihr das langjährige Übergewicht und die ungesunde Lebensweise übel. Diabetes, Bluthochdruck, Fettleber, kritische Blutfettwerte, Depressionen. Gefühlt gefangen in einem Turm mit Dornen drumherum.

Ach, wenn doch nur ein Zauberer käme oder ich einfach nur einen einzigen Wunsch frei hätte. Die Gedankenwelt einer verzweifelten Frau, die als Kind zu viele Märchen gelesen hat.

Natürlich kam kein Zauberer, und auch mein sehnlichster Wunsch, all diese Probleme hinter mir zu lassen, wurde mir nicht einfach so erfüllt. Nein, Prinzessin war gestern, und ich habe mich entschieden, zur Hexe zu werden und mir mein Gewicht mit einem Low-Carb-Zauberspruch wegzuhexen:

HOKUSPOKUS LOW CARBERIXUS.
WEG IST DER SPECK. PENG!

Gut, ganz so schnell ging es nicht, denn es brauchte 18 Monate, bis ich 60 kg Gewicht verloren hatte. Es war auch nicht der etwas kindische Spruch, sondern mein Zauberspruch lautete: Gemüse, Gemüse, Gemüse mit hochwertigem Eiweiß und guten Fetten auf dem Teller lässt das Gewicht schrumpfen.

Also die Basis einer wohlformulierten und gesunden Low-Carb-Ernährung. Da ich aber nach wie vor eine leidenschaftliche Esserin bin, musste ich einen Weg finden, wie ich genussvolles Schlemmen und eine schlankmachende und schlankerhaltende Ernährung umsetzen kann. So begann ich, eigene kohlenhydratreduzierte Rezepte zu entwickeln, die ich später in meinem Happy-Carb-Blog veröffentlicht habe.

Low Carb wurde so für mich meine persönliche Zauberformel, die das möglich gemacht hat, was ich nicht mehr zu hoffen gewagt hatte. Eine normale Figur, ich nenne es gerne Wohlfühlgewicht, mit der ich wieder am Leben teilhaben konnte, weil ich wieder agil und beweglich wurde. Dazu gelang es mir, meine Diabeteserkrankung in die Schranken zu weisen und das bei unglaublich leckerem Essen, was am Ende doch einem Märchen gleicht.

So wurde aus Pasta durch Low-Carb-Zauberei Gemüse, und ich bin bis heute sehr glücklich damit. Die Vorteile der Low-Carb-Ernährung sind einfach so überzeugend, dass ich mir nichts anderes mehr vorstellen kann.

Wie der Low-Carb-Zauber funktioniert!

Eigentlich ist Low Carb nicht so ungewöhnlich. Zumindest wird häufig fälschlicherweise gedacht, was das für eine Teufelssache ist. Dabei werden doch bloß weniger Kohlenhydrate gegessen, als das bei normaler Ernährung der Fall ist. Das ist schon die ganze Hexerei. Sie haben sicher schon häufig Low Carb gegessen und haben es nicht mal gemerkt. Sowie Sie eine Mahlzeit haben, in der klassischen Sättigungsbeilagen durch mehr Gemüse ersetzt werden oder in der von Haus aus keine enthalten sind, ist das schon sehr Low Carb gezaubert.

Wie ich Low Carb für mich interpretiert habe, können Sie auf den folgenden Seiten in meinem Happy-Carb-Prinzip lesen. Das ist kein Low-Carb-Gesetz, denn es gibt noch 100 andere Varianten, die leicht nach rechts oder links abweichen. Low Carb ist also immer auch etwas, das Sie selbst in einem gewissen Rahmen gestalten können. Mein Weg dient der Orientierung, was gut machbar ist und bei mir erfolgreich geklappt hat.

Mit welchen Zaubereien Sie bei einer Low-Carb-Ernährung rechnen dürfen:

- Gewichtsreduktion durch den Austausch von kalorienreichen Sättigungsbeilagen gegen mehr Gemüse.

- Stabilere Blutzuckerwerte und dadurch eine geringere Insulinausschüttung begünstigen den Abbau von Körperfett und entlasten die Bauchspeicheldrüse.

- Diabetes wird vorgebeugt und eine bestehende Erkrankung braucht häufig weniger oder keine Medikamente.

- Eine lange Sättigung durch die in den Mahlzeiten enthaltenen Eiweißbausteine und Fette machen Zwischenmahlzeiten überflüssig. Der Körper hat Zeit, um zur Ruhe zu kommen, und muss nicht laufend verdauen.

- Mehr Vitalität durch die verbesserte Nährstoffzufuhr durch die Auswahl nährstoffreicher Lebensmittel.

- Weniger Heißhunger auf Süßigkeiten zwischendurch durch den Verzicht auf hungertreibenden Zucker.

- Low Carb als Dauerernährungsform vermeidet den Jo-Jo-Effekt und das bei gut gefüllten Tellern und bei vollem Genuss.

Natürlich sind die Vorteile noch vielfältiger, aber ich möchte hier an dieser Stelle einfach Lust machen, Low Carb kennenzulernen und eventuelle Vorbehalte hinter sich zu lassen.

Low Carb machte mich happy, weshalb ich auch den Namen meines Blogs entsprechend gewählt habe. Probieren Sie es einfach aus und machen Sie Ihre Erfahrungen.

Zaubern Sie jetzt los und warten Sie auf keinen Prinzen.

Mein Happy-Carb-Prinzip

3. MEIN HAPPY-CARB-PRINZIP

Als ich mich mit den unterschiedlichen Low-Carb-Varianten beschäftigt habe, hat mir überall etwas zugesagt, und anderes fand ich blöd. Also habe ich mir meine eigenen Regeln gemacht, mit denen ich erfolgreich abgenommen habe und gleichzeitig meine Diabetes-Typ-2-Erkrankung in die Schranken gewiesen habe. Bunt, gesund und sehr flexibel. So funktioniert Happy Carb:

Kohlenhydrate einschränken auf eine Menge von 50–100 g pro Tag.

Bevorzugt essen:
Reichlich buntes Gemüse und Salat, gelegentlich Hülsenfrüchte wie Linsen, Bohnen und Kichererbsen, zuckerarmes Obst in kleinen Mengen, Haferkleie und daraus hergestellte Backwaren.

Vermeiden zu essen:
Getreideprodukte, Weizen, Dinkel, Roggen, Hafer (außer meiner geliebten Haferkleie – hier in diesem Buch verwende ich auch kernige Haferflocken als überall erhältliche Alternative), Nudeln, Backwaren, Reis, Kartoffeln, Mais, verschiedene Zucker/arten (enden mit -ose), Bananen, Trauben, Trockenobst, Süßigkeiten und ewig haltbare Fertiggerichte mit langen Zutatenlisten.

Eiweiß reichlich essen in einer Menge von 1–1,5 g Eiweiß pro Kilogramm Normalgewicht (Körpergröße in Zentimeter - 100).

Das Eiweiß in Form von »magerem« Fleisch (auf das Fett zumindest während der Abnehmphase wegen der eingeschränkten Energiezufuhr achten) und jeder Sorte Fisch (dabei regelmäßig fetten Fisch wegen der Omega-3-Fettsäuren) verzehren. Milchprodukte so fett, wie es der gute Geschmack erfordert. Finger weg von Light-Produkten. Gerne Eier, und auch ein hochwertiges Eiweißpulver als Zutat in der Küche erhöht die Zufuhr an gesundem Eiweiß. Keine Angst davor.

Gute Fette genießen, ca. 1–1,5 g pro Kilogramm Normalgewicht (Körpergröße in Zentimeter - 100).

Bevorzugen:
Olivenöl, Kokosöl (Kokosprodukte), Avocados, Butter aus Weidemilch Nüsse – besonders Macadamias – und Nussöle, natives Bio-Rapsöl, Leinöl.

Reduzieren:
Sonnenblumenöl, Sojaöl, Maiskeimöl, Distelöl, Traubenkernöl.

Vermeiden:
Transfette und industriell verarbeitete gehärtete Fette, die häufig in Fertigprodukten vorkommen.

Sie sehen schon anhand der Bandbreiten bei den Makronährstoffen, dass genügend Spielraum da ist, die Ernährung abwechslungsreich und bunt zu gestalten. Kein Tag muss wie der andere aussehen. Eine bunte Palette von Lebensmitteln können in den Speiseplan integriert werden.

Auch können Sie über die Stellschrauben Kohlenhydrate und Fett die Kalorienzufuhr in Richtung Gewichtsverlust oder eben auch in Richtung Gewichtserhaltung drehen.

Mir war einfach wichtig, dass die Ernährung durch die Einhaltung dieser schlichten Regeln sich automatisch sinnvoll gestaltet, ohne dass ich mich selbst mit ständigem Überwachen der Nährwerte und der Energiezufuhr terrorisieren musste. Das Leben bietet doch schönere Dinge, als das eigene Dasein permanent zu überwachen und zu optimieren. Viel Freude bei der Umsetzung!

Keine Zeit zu kochen ist keine Ausrede, die länger gilt

4. KEINE ZEIT ZU KOCHEN IST KEINE AUSREDE, DIE LÄNGER GILT

Über das Thema Zeit zu fabulieren, ist eigentlich sinnentleert. Auch die vielen Tipps, wie mehr Aktivitäten in die begrenzte Lebenszeit reinzupressen sind, will ich nicht wiederholen. Ich bin eine Freundin der gepflegten Träumerei und des „Löcher in die Luft Starrens“ und würde jeden Coach, der versucht, mein Zeitmanagement zu optimieren, in den Wahnsinn treiben. Das ist gut so, denn ich brauche Zeit für mich wie die Luft zum Atmen.

Sie haben, genau wie ich, jeden Tag 86.400 Sekunden Lebenszeit und entscheiden immer wieder neu, wie Sie die Zeit verteilen. Auch wenn häufig suggeriert wird, als wären wir so frei und könnten schalten und walten wie wir wollten, sehe ich das eher realistisch. Die meisten Leute haben Verpflichtungen und sind häufig in einem zeitlichen Korsett eingezwängt, das wenig Spielraum lässt. Also, manchmal muss es halt einfach schnell gehen, damit noch ausreichend Zeit bleibt, um Löcher in die Luft zu starren. Dann aber bitte gesund, lecker und mit gutem Gewissen frisch gekocht.

Ideen finden Sie hier im Buch zuhauf. Natürlich braucht es etwas von der kostbaren Zeit. Aber sehen Sie Gemüse schneiden doch einmal meditativ. Es lässt sich unglaublich gut entspannen, wenn das Messer durch Salatblätter gleitet, und der schnurrende Backofen ist wie ein Beruhigungsmittel mit kulinarischem Höhepunkt am Ende. Nochmal den Tag durch den Kopf gehen lassen und Ärgernisse verarbeiten, klappt im Zweikampf mit einem Kürbis hervorragend.

Also, Zeit ist relativ, wenn sich die Perspektive verändert.

Und wenn Sie immer noch denken, dass Sie keine Zeit haben, dann prüfen Sie mal, wie häufig Sie heute schon auf das Smartphone geschaut haben oder wie viel Zeit im Internet oder vor dem Fernseher verdaddelt wurde. Ich mag all das auch gerne, aber die modernen Zeiträuber halten mich nicht davon ab, wenigstens 15–45 Minuten für die Zubereitung meiner Mahlzeiten aufzuwenden. Und in dem Spektrum bewegen wir uns hier im Buch. Das ist machbar, wenn man denn will.

Um sich in meinen Rezepten, was den Zeitbedarf angeht, zu orientieren, habe ich ein System entwickelt, das den reinen Kochaufwand und die gesamte Zubereitungszeit getrennt betrachtet und habe alle meine Rezepte entsprechend gekennzeichnet.

Das ist hier bei mir auch kein Schnibbelwettbewerb, wo die Zeit nur erreicht werden kann, wenn man mit den messerwirbelnden Profiköchen mithalten kann. Ich habe mich bemüht, realistisch zu bleiben. Ärgere ich mich doch selbst immer über Kochbücher mit angeblicher 15-Minuten-Küche, für die ich scheinbar viel zu lahm bin und das Essen am Ende nicht fertig ist. Daher gibt es hier eine zeitliche Orientierung, was den Kochaufwand und die Zubereitungszeit angeht, aber es kann auch da immer leichte Abweichungen geben.

KOCHAUFWAND: Wie viel echte Arbeit ist in der Küche erforderlich.

Ruck, zuck gemacht, der Kochaufwand ist überschaubar (bis 10 Minuten).

Etwas Muße bei der Küchenarbeit ist gefragt (bis 20 Minuten).

Hier braucht es ein wenig mehr Fleiß beim Kochen (bis 30 Minuten).

ZUBEREITUNGSZEIT: Wie schnell das Essen auf dem Teller landet.

Geht ratzfatz und braucht kaum länger als die eigentliche Arbeitszeit (10–15 Minuten).

Neben der Vorbereitung braucht die Zubereitung meist zusätzliche Zeit, bis das Essen fertig ist (20–30 Minuten).

Hier braucht das Essen insgesamt etwas länger, was aber nicht unbedingt Anwesenheit am Herd bedeuten muss (30–45 Minuten).

Damit sind Sie immer im Bilde, was die Arbeit in der Küche angeht und wie viel Zeit insgesamt eingeplant werden muss. Auch wenn manchmal einfach nur der Ofen fleißig ist und Sie in der Zwischenzeit die Füße hochlegen können.

Da war doch was mit den Löchern in der Luft, die unbedingt betrachtet werden wollen.

Schnelle Küche fängt beim unkomplizierten Einkauf an

5. SCHNELLE KÜCHE FÄNGT BEIM UNKOMPLIZIERTEN EINKAUF AN

Häufig ist nicht die Kocherei das Problem und braucht einen hohen zeitlichen Aufwand, sondern die Beschaffung der Zutaten gleicht einem ellenlangen Supermarktmarathon.

Ganze Regale voller Bücher gibt es zum Thema »Schnelle Küche«. Beliebt sind Bücher mit Rezepten mit 5 Zutaten. Dummerweise habe ich auch von den Büchern hier, bei denen mich dann 5 Zutaten durch 3 verschiedene Läden jagen und wo ich schon, ohne überhaupt ein Messer in der Hand zu haben, länger als 60 Minuten unterwegs bin. Da fühle ich mich ehrlich gesagt veralbert. Dann noch kochen, wo ich es eigentlich schnell haben wollte?

Dazu bin ich eine Verfechterin von Farbe und Abwechslung in der Zusammensetzung meiner Speisen. Wenn ich viele verschiedene Nährstoffe auf meinem Teller haben will, dann braucht es täglich eine gesunde Mischung, und ich will ich mich da nicht auf 5 Zutaten reduzieren müssen. Durch geschickte Vorratshaltung und den regelmäßigen Einsatz von Lieblingszutaten, kann die Problematik dazu sehr gut entschärft werden. Also weg mit dem Gedanken, nur wenige Zutaten sind einfach in der Handhabung oder schnell eingekauft. Das ist nämlich Quatsch.

Meine mir selbst gesetzte Vorgabe in diesem Buch war, nur Zutaten zu verwenden, die so einfach sind, dass sie in jedem x-beliebigen Supermarkt erhältlich sind. Raus aus der Arbeit und auf dem Heimweg ist »nur« ein Discounter? Kein Problem, bei der Zusammenstellung der Zutaten habe ich mich zu 100 % auf das Sortiment eines durchschnittlichen Discounters beschränkt.

Natürlich gibt es die Zutaten auch im größeren Bioladen oder im Marken-Supermarkt, ganz wie es beliebt. Nur, ich wollte es gerne unkompliziert halten und dazu die Möglichkeit bieten, alle Einkäufe kostengünstig zu erledigen.

Bitte nicht wertend sehen, denn mein Buch stellt keine Einkaufempfehlung dar. Jeder kauft dort, wo er möchte und was er persönlich als richtig erachtet und sich leisten kann. Den Spielraum biete ich in diesem Buch, so gut es geht.

Mich selbst treffen Sie beim Einkaufen überall an. Ob im Supermarkt, Discounter, Bioladen, Wochenmarkt, Metzger, Gemüseladen, Drogeriemarkt. Überall da, wo es Produkte gibt, die mir schmecken und bei denen mir die Qualität zusagt, bin ich zu finden.

Praxistipps für flotte Küchenhelden

6. PRAXISTIPPS FÜR FLOTTE KÜCHENHELDEN

PRAXISTIPP NUMMER 1: Die richtigen Vorräte sind schon mal die halbe Miete.

Alles, was ich in meinen Rezepten verwende, bekommen Sie unkompliziert überall. Dabei gibt es eine Reihe von Zutaten, die sich lohnen, immer im Haus zu haben oder wo es Sinn macht, in Aktionswochen (beim Discounter) oder bei Sonderangeboten zuzuschlagen.

Was immer an Lebensmitteln da sein sollte, wenn Sie sich kreuz und quer durch das Buch kochen wollen:

- ☐ Olivenöl
- ☐ Senf
- ☐ Tomatenmark
- ☐ Tomaten-Pesto
- ☐ Basilikum-Pesto
- ☐ Ketchup zuckerfrei
- ☐ Mayonnaise
- ☐ Ajvar, scharf
- ☐ Kokosmilch

... ZUM ABHAKEN

- ☐ Sambal Oelek und/oder scharfe Currypaste
- ☐ dunkler Balsamico-Essig
- ☐ heller Weinessig
- ☐ rote Linsen
- ☐ Kidneybohnen aus der Dose
- ☐ geröstete Paprika, eingelegt, aus dem Glas
- ☐ Gewürzgurken aus dem Glas
- ☐ Sauerkraut
- ☐ Erbsen, TK
- ☐ Blattspinat, TK
- ☐ Thunfisch, aus der Dose, im eigenen Saft

- ☐ Salz
- ☐ Pfeffer
- ☐ Curry
- ☐ Paprikapulver
- ☐ getrocknete mediterrane Kräuter (Oregano, Thymian etc.)
- ☐ Gemüsebrühe als Pulver

PRAXISTIPP: Gemüse aus dem Tiefkühler und halbfertige Produkte wie Pestos sind Kochbeschleuniger.

Jetzt noch frische Zutaten, bei denen es lohnt, etwas mehr zu kaufen, denn alt werden die Sachen ganz sicher nicht:

- ☐ Äpfel
- ☐ Kirschtomaten
- ☐ getrocknete Tomaten, in Öl und Kräuter eingelegt
- ☐ Karotten
- ☐ Zwiebeln
- ☐ Knoblauch
- ☐ Zucchini
- ☐ Paprika
- ☐ Lauch
- ☐ Kohlrabi
- ☐ Brokkoli
- ☐ Blumenkohl

PRAXISTIPP: Wenn Sie roh geraspelten Blumenkohl einfrieren, dann packen Sie maximal 500–600 g in eine Gefriertüte und drücken Sie den Blumenkohl in der Tüte zu einer flachen Platte. So friert er zügig durch und lässt sich nach dem Entnehmen aus dem Gefrierschrank schnell in kleinere Stücke zerteilen. Die tauen dann im Topf beim Braten ruck, zuck auf, im Gegensatz zu einem dicken Klumpen gefrorener Blumenkohlraspel.

Was sonst noch im Kühlschrank ist im Hause Ratzfatz-Happy-Carb:

- ☐ Eier
- ☐ Butter
- ☐ Griechischer Joghurt
- ☐ Magerquark
- ☐ Frischkäse/mit Kräutern – Ziegenfrischkäse (können prima untereinander getauscht werden)

- ☐ Mozzarella
- ☐ Parmesan
- ☐ Gouda, mittelalt
- ☐ Cheddar
- ☐ Bacon, in Würfel und Scheiben
- ☐ gekochter Schinken, in Scheiben

PRAXISTIPP: Es braucht in der Regel nur eine angebrochene Sorte Käse, die zum Überbacken taugt. Gouda mittelalt, Cheddar, Manchego oder Appenzeller. Sie haben eine Packung Gouda offen, und im Rezept steht blöderweise Appenzeller? Halb so wild. Bevor Kävereste weggeworfen werden, lieber erst mal aufbrauchen, was da ist. Gerne auch Käsesorten mischen.

Huch, muss ich das jetzt alles sofort daheim haben?

Nein, keine Panik. Die Darstellung der Bevorratung soll Ihnen eine Idee geben, welche Zutaten Sie brauchen werden. Vermutlich ist ein Großteil der Sachen schon vorhanden, bzw. bei frischen Produkten kaufen Sie entsprechend ein. Scheuen Sie sich in der Gemüseabteilung nur nicht davor, eine Paprika mehr mitzunehmen und diese dann eben erst am Tag darauf zu verbrauchen. Das ist dann die eine Zutat mehr, die das Essen bunter und gesünder macht. Ob Sie beim Einkauf eine oder drei Paprika mitnehmen, macht keinen großen Unterschied.

PRAXISTIPP: Nutzen Sie das praktische Inhaltsregister am Ende des Buches, wenn einzelne Zutaten im Kühlschrank rufen und aufgebraucht werden wollen.

Ratzfatz mit Resten gekocht. So geht das ganz einfach:

Im Kühlschrank lagernde Gemüsereste geschnitten für 20 Minuten im Ofen backen, mit etwas Pesto verrühren, mit gekochtem Schinken oder Bacon belegen, dann noch mit Käse bestreuen, schon ist ein perfektes schnelles Low-Carb-Gericht gezaubert, und diverse Reste verschwinden wie von Zauberhand. Oder doch lieber in wenigen Minuten eine schnelle bunte Gemüsepfanne mit Ajvar-Rührei und einigen Kidneybohnen gebraten? Bitte so wenig wegwerfen wie möglich, sondern Reste verbrauchen! Das spart Ressourcen und Geld.

Jetzt kommen die Bäckerinnen und Bäcker zum Zug.

Low-Carb-Backen ist die Kür, an der sich häufig die Geister wegen der außergewöhnlichen Zutaten scheiden. Es geht auch anders, denn mit den folgenden Zutaten lassen sich die ersten Schritte hin zum Low-Carb-Backvergnügen machen.

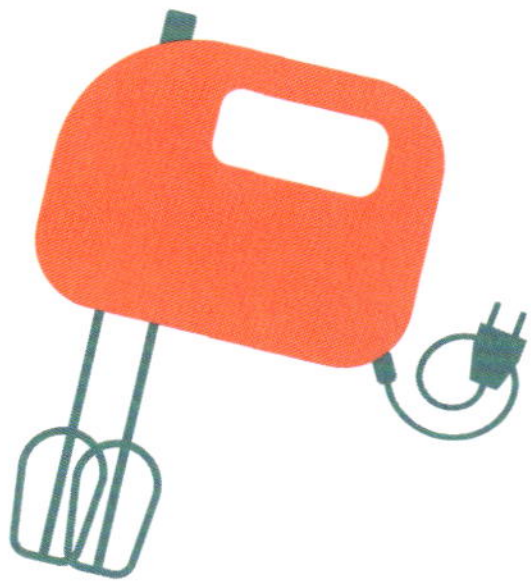

- ☐ kernige Haferflocken (alternativ Haferkleie)
- ☐ Süßstoff-Tabletten (alternativ Stevia-Streupulver mit Erythrit)
- ☐ gemahlene blanchierte Mandeln
- ☐ gemahlene Haselnüsse
- ☐ Nüsse und Kerne (gemischt nach Geschmack)

- ☐ Kokosraspel
- ☐ Chia-Samen
- ☐ Kakaopulver
- ☐ Schokolade mit 85 % Kakao

Wenn Sie meine anderen Happy-Carb-Bücher besitzen oder meinen Blog kennen, werden Sie direkt feststellen, dass gerade bei den Backrezepten die Zutaten gravierend abweichen. Das Projekt, ohne spezielle Low-Carb-Mehle und ohne Zuckeraustauschstoffe als Süßmittel zu arbeiten, war eine echte Herausforderung. Mir hat das Experiment deutlich gezeigt, dass mit einem Mehr an Low-Carb-Backzutaten ein größeres Backvergnügen und auch ein besseres Ergebnis in Konsistenz und Geschmack möglich ist. Aber ich habe mit den vorhandenen beschränkten Möglichkeiten gearbeitet, und alles, was aus dem Ofen kam, war respektabel und überraschend schmackhaft. Ich war selbst verblüfft, wie einfach der Einstieg ins Low-Carb-Backen gelingen kann. Also, probieren Sie es aus. Exotische Zutaten, für eine eventuelle Zurückhaltung, sind diesmal keine Ausrede mehr.

PRAXISTIPP: Chia-Samen gibt es sogar schon ganzjährig beim Discounter mit dem großen A! Wenn Produkte massentauglich werden, merkt man das am Discountersortiment.

Wer Chia-Samen für Humbug oder überflüssigen Modekrempel hält, kann auch auf geschrotete dunkle Leinsamen zugreifen. Geschrotet, damit der Körper auch an das gute Fett und die Schleimstoffe, die in den Leinsamen stecken, rankommt. Im Gegensatz dazu wandern ganze Leinsamen unverändert durch den Magen-Darm-Trakt und werden gemeinsam mit den wertvollen Bestandteilen ausgeschieden. Geschrotete Leinsamen gibt es im Supermarkt, Bioladen und auch in Drogeriemärkten. Bitte beachten Sie, dass geschrotete Leinsamen, nach dem Öffnen der Packung, im Vergleich zu Chia-Samen eine wesentlich kürzere Lagerzeit aufweisen und innerhalb von 2–3 Monaten aufgebraucht werden sollten.

Einige Hinweise zu den Backrezepten:

Als Mehlersatz kommen in den Ratzfatz-Rezepten kernige Haferflocken zum Einsatz. Damit diese «mehliger» werden, wurden sie von mir für den Vorrat zerkleinert, also gemahlen. Ich besitze keine Getreidemühle und auch keine High-End-Küchenwundermaschine, also habe ich die Haferflocken im Küchenmixer zerkleinert. Das klappte sehr gut. Sollten Sie selbst keine geeignete Maschine besitzen, dann fragen Sie doch die Freundin oder die nette Nachbarin. Man ist sicher so nett und hilft. So ein Kilo Haferflocken ist für den Vorrat wirklich schnell zerkleinert.

Übrigens können die gemahlenen Haferflocken auch gegen Haferkleie ausgetauscht werden. Mit Haferkleie arbeite ich regelmäßig in meinen Happy-Carb-Rezepten, aber es gibt das Produkt nicht im Discounter, daher fiel es diesmal unter den Tisch. Trotzdem gut erhältlich im Supermarkt, Bioladen und Drogeriemärkten, ist ein Austausch an der Stelle problemlos machbar. **Tauschen Sie 100 g gemahlene kernige Haferflocken gegen 80 g Haferkleie, also immer anteilig 80 % der Ausgangsmenge und lassen Sie den Teig im Gegenzug etwas länger ziehen.** Haferkleie will quellen.

Den zweiten Kompromiss, den ich eingehen musste, war das diesmal verwendete Süßmittel. Jenseits von klassischem Süßstoff stand mir nichts Low-Carb-Taugliches zur Verfügung. Ich entschied mich daher, mit Süßstoff-Tabletten (aus Saccharin und Cyclamat) zu arbeiten, die ich mit der Rückseite eines Esslöffels immer pulverisiere, also zerdrücke.

Warum ich keinen Flüssig-Süßstoff verwende? Ich tue mich bei der flüssigen Variante schwer mit der Dosierung, denn kaum kippe ich die Flasche, ist schon was raus. Da kommt kein gescheites Rezept zustande, mit dem Sie sicher arbeiten können.

Wem Süßstofftabletten nicht schmecken oder wer beunruhigt ist wegen der negativen Eigenschaften, die man den künstlichen Süßstoffen gelegentlich nachsagt, kann gerne an dieser Stelle einen Austausch vornehmen. Ich empfehle, stattdessen eine vertraute Zutat bei Happy Carb, das Stevia-Streupulver mit Erythrit, zu verwenden. **Einfach statt 3 zerdrückten Süßstoff-Tabletten nur 1 Teelöffel Stevia-Streupulver mit Erythrit einsetzen.** Das natürlichere Süßmittel bekommen Sie im sehr gut sortierten Supermarkt, Bioladen und Drogeriemärkten. So kommen Sie auch ohne künstlichen Süßstoff in den Genuss der Ratzfatz-Backrezepte. **Achtung: Die Produkte können eine unterschiedliche Süßkraft haben, also bitte etwas Vorsicht bei der Dosierung.**

PRAXISTIPP: Haferflocken gegen Haferkleie und künstliche Süßstoff-Tabletten gegen Stevia-Streusüße mit Erythrit tauschen!

Jetzt noch einige praktische Tipps, auch wenn die sicher schon hundertfach benannt wurden.

Planen Sie wochenweise, was Sie kochen und essen wollen, und kaufen Sie dann effizient und gut geplant ein.

Einmal kochen, zweimal essen. Erhöhen Sie die Kochmengen und wärmen Sie am Folgetag auf, bzw. frieren Sie Essensportionen ein.

Arbeiten Sie mit Gerätschaften, die Ihnen das Küchenleben leichter machen. Vom scharfen Messer bis zum Pürierstab, es gibt eine Menge Zaubergeräte, die viel Freude in der Küche machen. Alleine eine geeignete Maschine, um Blumenkohl zu raspeln, ist Gold wert.

Setzen Sie auf Kochhelfer und spannen Sie die Familie ein. Ob Partner oder

Kinder, gemeinsam kochen und essen macht Spaß und ist gut für das Gemeinschaftsleben. Nichts schmeckt Kindern dazu besser, als das, was durch die kleinen Hände gewandert ist.

EIN LETZTER PRAXISTIPP: Lesen Sie die Kochrezepte schon beim Einkaufzettel schreiben vollständig durch. Mal gibt es eine Marinierzeit, mal muss vielleicht etwas vorweg aufgetaut werden oder die Backofenzeit ist länger als gedacht. Nichts ist ärgerlicher, als ein Rezept im Vorhinein falsch eingeschätzt zu haben und dadurch in Hektik zu geraten. So geht die relaxte Entspannung beim Kochen nämlich garantiert flöten.

Jetzt geht es aber endlich los. Viel Spaß beim schnellen Kochen, und lassen Sie es sich schmecken!

Pesto
Ratzfatz
Low Carb gekocht
55 Low-Carb-Rezepte,
einfach und schnell, für jeden Tag

55 LOW-CARB-REZEPTE, EINFACH UND SCHNELL, FÜR JEDEN TAG

An die Töpfe – fertig – los!

Bitte beachten Sie, dass sich die Rezepte immer auf eine unterschiedliche Anzahl von Portionen/Personen beziehen. Die genaue Information finden Sie direkt bei jedem einzelnen Rezept.

Alle Rezepte sind mit Nährwertangaben versehen. Basis der Berechnung sind die von mir tatsächlich verwendeten Zutaten. Abweichungen und Fehler sind trotz aller Sorgfalt nicht ausgeschlossen.

Turbo-Frühstücke für jeden Geschmack

Wer steht morgens gerne lange in der Küche? Richtig, niemand, denn zwischen Bad und Büro muss es in der Regel schnell gehen. Daher gibt es schnörkellose Frühstücke, die zum Teil auch schon gut vorzubereiten sind. Für Langschläfer, die wirklich jede Minute für die Schönheit nutzen wollen.

Breakfast-Bacon-Bratapfel

1 Portion

150 g Apfel (1 mittelgroßer Apfel), halbiert und das Kerngehäuse entfernt
65 g Baconwürfel
40 g Gouda, mittelalt, grob gerieben

Den Backofen auf 180 Grad Umluft vorheizen.

Den halbierten Apfel in eine Auflaufform legen. Die Baconwürfel und den geriebenen Gouda mischen und in die Ausbuchtung des Apfels füllen. Für 25 Minuten in den vorgeheizten Backofen stellen.

Nährwerte pro Portion:
Kalorien 436, Fett: 29,9 g,
Kohlenhydrate: 17,2 g,
Eiweiß: 22,8 g

Erst in die Küche und dann ins Bad …

Hafer-Schoko-Frühstücksshake

1 Portion

150 g Griechischer Joghurt, 10 % Fett
100 ml Milch
25 g kernige Haferflocken, fein gemahlen
5 g Kakaopulver
3 Süßstoff-Tabletten, zu Pulver zerdrückt

Alle Zutaten auf einen Schlag in den Mixer und schaumig rühren.

Nährwerte pro Portion:
Kalorien 358, Fett: 19,2 g, Kohlenhydrate: 25,6 g, Eiweiß: 18,1 g

Schokoladenfrühstück auf die Schnelle …

Tomatenrührei mit Feta und Avocado

1 Portion

10 ml Olivenöl, nativ extra
150 g Kirschtomaten, halbiert (gerne bunt, wenn verfügbar)
2 Eier, Größe L, verquirlt und mit Salz und Pfeffer gewürzt
40 g Feta, klein gewürfelt
40 g Avocado, das Fruchtfleisch in Würfel geschnitten
Salz und Pfeffer

Das Olivenöl in einer Pfanne moderat erhitzen und darin die Tomaten kurz anbraten. Die Hitze runterdrehen und das flüssige Rührei hinzufügen. Unter vorsichtigem Rühren stocken lassen. Dann noch den Feta und die Avocadowürfel untermischen und warm werden lassen. Dabei immer wieder vorsichtig durchmischen. Zum Schluss noch mit Salz und Pfeffer abschmecken.

Nährwerte pro Portion:
Kalorien 483, Fett: 39,8 g, Kohlenhydrate: 6,3 g, Eiweiß: 23,8 g

Herzhafter Start ins Chaos des Tages ...

Beeriger Chia-Joghurt

1 Portion

150 g Griechischer Joghurt, 10 % Fett
10 g Chia-Samen
3 Süßstoff-Tabletten, zu Pulver zerdrückt
15 g kernige Haferflocken
50 g Heidelbeeren
15 g gehackte Mandeln
50 g Himbeeren

Für die »Joghurt mit Müsli-Frühstücker« ...

Den Joghurt mit den Chia-Samen und dem Süßstoffpulver mischen. Die Chia-Samen nach persönlichem Geschmack (5–30 Minuten) quellen lassen. Das lässt sich auch schon am Vorabend vorbereiten, dann sind die Chia-Samen jedoch nicht mehr crispy.

In eine Schale oder ein Glas etwa 1/3 der Joghurtmischung geben. Darauf die Haferflocken und dann die Heidelbeeren verteilen. Darüber wieder 1/3 der Joghurtmischung füllen. Anschließend die gehackten Mandeln und die Himbeeren darüber verteilen. Zum Schluss noch den Rest Joghurt mit Chia-Samen auf die Himbeeren geben und das Frühstück mit gehackten Mandeln und einigen Beeren dekorieren.

Nährwerte pro Portion:
Kalorien 430, Fett: 27,7 g, Kohlenhydrate: 20,8 g, Eiweiß: 17,1 g

Apfel-Haselnuss-Frühstücksmuffins

7 Muffins

250 g Magerquark
3 Eier, Größe M
15 Süßstoff-Tabletten, zu Pulver zerdrückt
100 g kernige Haferflocken, fein gemahlen
100 g Haselnüsse, gemahlen
1 TL Backpulver
150 g Apfel, in kleine Stücke geschnitten

Den Backofen auf 180 Grad Umluft vorheizen.

Den Quark mit den Eiern verrühren und das Süßstoffpulver untermischen. Dann die trockenen Zutaten vorweg vermengen und anschließend esslöffelweise in die Quark-Eiermischung rühren. Zum Schluss noch die Apfelstücke unterheben und den Teig in Muffinformen füllen. Für 30 Minuten im Ofen backen. Die Muffins können für 2–3 Tage im Kühlschrank aufbewahrt werden, taugen aber auch zum Einfrieren. Dann einfach am Vorabend aus dem Tiefkühler nehmen, und ein schnelles Frühstück ist sichergestellt.

Nährwerte pro Frühstücksmuffin:
Kalorien 213, Fett: 12,1 g, Kohlenhydrate: 14,3 g, Eiweiß: 11,0 g

Praktisch vorzubereiten, gut zum Mitnehmen …

Karotten-Frühstücksfrittata

1 Portion

3 Eier, Größe M
½ TL Curry
10 ml Olivenöl, nativ extra
25 g Schalotte (alternativ Zwiebel), fein gewürfelt
125 g Karotten, grob geraspelt
15 g Paranüsse (oder andere Nüsse), grob gehackt
Salz und Pfeffer

Da liegt die Sonne auf dem Teller ...

Den Backofen auf 180 Grad Umluft vorheizen.

Die Eier mit Salz und Pfeffer und dem Curry gemeinsam verquirlen.

Das Olivenöl in einer ofengeeigneten Pfanne mit 24 cm Durchmesser erhitzen und die Schalottenwürfel kurz glasig andünsten. Dann die Karottenraspel zufügen und für 2–3 Minuten braten. Nun die Hälfte der Karottenraspel kurz aus der Pfanne nehmen. Das Curryrührei in die Pfanne gießen und als nächstes die zuvor entfernte Hälfte der Karottenraspel zurück in die Eierpfanne streuen. Als Abschluss noch die gehackten Paranüsse in der Pfanne verteilen und so komplett für 10 Minuten in den Ofen stellen.

Nährwerte pro Portion:
Kalorien 473, Fett: 35,0 g, Kohlenhydrate: 13,4 g, Eiweiß: 23,4 g

Erdbeer-Frühstücksshake mit Basilikum

1 Portion

200 g Skyr (alternativ Joghurt und Quark gemischt)
150 g Erdbeeren, im Kühlschrank gekühlt, geviertelt
3 Süßstoff-Tabletten, zu Pulver zerdrückt
5 g frisches Basilikum, die Blätter grob zerrupft
10 ml Olivenöl, nativ extra

Die Zutaten auf einen Schlag in den Mixer geben und kurz durchmischen. Geht auch mit einem Pürierstab prima. Klingt etwas gewagt, aber schmeckt super gut.

Nährwerte pro Portion:
Kalorien 258, Fett: 10,1 g, Kohlenhydrate: 16,4 g, Eiweiß: 23,4 g

Erdbeeren und Basilikum sind ein tolles Doppel …

Süßes Aprikosenrührei

1 Portion

15 g Mandeln, grob gehackt
10 g Butter
150 g Aprikosen, ohne Kern, in kleine Stücke geschnitten
3 Eier, Größe M, zu Rührei verquirlt
3 Süßstoff-Tabletten, zu Pulver zerdrückt

In einer Pfanne die gehackten Mandeln ohne Fett rösten. Dann die Butter und die Aprikosenstücke zufügen und alles für 2–3 Minuten braten. Das flüssige Rührei mit den zerdrückten Süßstoff-Tabletten verrühren und das süße Ei anschließend in die Pfanne zu den Aprikosen geben. Das Rührei unter gelegentlichem Rühren stocken lassen.

Nährwerte pro Portion:
Kalorien 465, Fett: 31,7 g, Kohlenhydrate: 18,4 g, Eiweiß: 24,6 g

Was sollte gegen süßes Rührei sprechen?

Bunte Frühstücksplatte

1 Portion

75 g kleine Mozzarellakugeln, fettarm
75 g roher Schinken, in Röllchen gedreht
100 g Kirschtomaten, halbiert
100 g Snackgurke, in Stücke geschnitten
100 g Nektarine, in Stücke geschnitten (oder anderes Obst)

Für das Dressing:
10 ml Olivenöl, nativ extra
1 EL Orangensaft
Salz und Pfeffer

Alle Zutaten für die Frühstücksplatte auf einem Teller nett anrichten. Das Dressing mit einem Schneebesen verrühren und die Frühstücksplatte damit beträufeln.

Nährwerte pro Portion:
Kalorien 498, Fett: 30,1 g, Kohlenhydrate: 18,9 g, Eiweiß: 38,8 g

Schnell und unkompliziert auf dem Teller …

Haselnuss-Pfannenpizza mit Schokolade und Erdbeeren

1 Portion

Für den Teigboden:
1 Ei, Größe M
125 g Magerquark
3 Süßstoff-Tabletten, zu Pulver zerdrückt
30 g Haselnüsse, gemahlen
5 g Butter, weich, zum Fetten der Pfanne

Für den Belag:
100 g Erdbeeren, in Scheiben geschnitten
15 g Schokolade mit 85 % Kakao, gehackt

Den Backofen auf 180 Grad Umluft vorheizen.

Die Zutaten für den Teig mit einem Rührlöffel anrühren. Die weiche Butter in eine ofengeeignete Pfanne mit 24 cm Durchmesser geben und mit einem Pinsel verstreichen. Dann den Teig in der Pfanne verteilen und die Pfanne für 15 Minuten in den Ofen stellen.

Anschließend die Pfanne aus dem Ofen nehmen und den vorgebackenen Teigboden mit den Erdbeeren belegen und noch die gehackte Schokolade verteilen. Zurück in den Ofen für weitere 7–8 Minuten.

Auch andere Obstsorten passen prima auf die süße Pfannenpizza. TK-Beeren sind ebenfalls eine gute Option, wenn kein frisches Obst im Haus ist.

Nährwerte pro Portion:
Kalorien 517, Fett: 35,7 g, Kohlenhydrate: 17,3 g, Eiweiß: 27,9 g

Oder einfach ein belegter Ofenpfannkuchen ...

Flotte Küche mit Fleisch

Opulente Braten, ganze Tiere, Gulasch und Co. können Sie hier heute nicht erwarten. Der Fokus liegt auf Hackfleisch, Hähnchen und Fleischprodukten, die sich einfach und schnell in wohlschmeckende Leckereien verwandeln lassen. Gerne macht der Ofen einen Teil der Arbeit, denn dabei muss man nicht mal am Herd stehen. Für den Sonntagsbraten ist dann ja am Sonntag immer noch genug Zeit.

Chicorée-Hackfleischpfanne

3 Portionen

Ein tolles Wintergemüse und schnell gebraten dazu …

350 g Hackfleisch, Rind und Schwein gemischt
je 1 TL Majoran und Thymian, getrocknet
15 ml Olivenöl, nativ extra
75 g Zwiebel, gehackt
1 kg Chicorée, geputzt, in Streifen geschnitten
150 g Karotten, gewürfelt
150 g rote Paprika, in Würfel geschnitten
150 g Ziegenfrischkäse
30 ml dunkler Balsamico-Essig
Salz und Pfeffer

In einer großen Pfanne das Hackfleisch ohne zusätzliches Fett krümelig braten. Thymian und Majoran hinzufügen und kräftig mit Salz und Pfeffer würzen. Parallel auf einer zweiten Herdplatte einen großen Topf mit dem Olivenöl erhitzen und die Zwiebelwürfel mit dem Chicorée, den Karottenwürfeln und dem Paprika für 2–3 Minuten anbraten. Dann den Topfdeckel schließen und das Gemüse bei geringer Hitze 5 Minuten garen lassen. Nun das in der Pfanne angebratene Hackfleisch hinzufügen und zum Schluss noch den Ziegenfrischkäse und den Balsamico unterrühren. Für 2–3 Minuten warmziehen lassen. Mit Salz und Pfeffer abschmecken.

Nährwerte pro Portion:
Kalorien 513, Fett: 32,6 g, Kohlenhydrate: 19,3 g, Eiweiß: 30,5 g

Sauerkraut-Paprika-Bratwurst auf Röstgemüse

4 Portionen

Für das Ofengemüse:
500 g Zucchini, in mundgerechte Stücke geschnitten
250 g rote Paprika, in mundgerechte Stücke geschnitten
150 g Karotten, in mundgerechte Stücke geschnitten
350 g Kohlrabi, in mundgerechte Stücke geschnitten
15 ml Olivenöl, nativ extra
Salz und Pfeffer

Für die Sauerkraut-Paprika-Bratwürste:
500 g (4 Stück) grobe rohe dicke Bratwürste, mit der Gabel mehrfach eingestochen
200 g Sauerkraut, aus der Dose, die Flüssigkeit gut ausgedrückt (Ausgangsgewicht 300 g)
100 g Ajvar, scharf
75 g Frischkäse
75 g Gouda, mittelalt, gerieben
Salz und Pfeffer

Den Backofen auf 180 Grad Umluft vorheizen.

Das geschnittene Gemüse in einer Ofenform mit dem Olivenöl und Salz und Pfeffer mischen. Die befüllte Ofenform für 10–15 Minuten in den vorgeheizten Backofen stellen.

Die Bratwürste in einer Pfanne 3–4 Minuten anbraten, bis diese Farbe haben. Da braucht es kein zusätzliches Fett, denn aus den eingestochenen Bratwürsten tritt sofort etwas Fett aus. Anschließend die Würste aus der Pfanne nehmen. Sie müssen nicht durchgebraten sein, weil sie noch im Ofen überbacken werden. Das Sauerkraut mit dem Ajvar und dem Frischkäse in einer Schüssel mit einer Gabel verrühren und die Mischung mit Salz und Pfeffer kräftig würzen.

Die halb gebratenen Bratwürste längs aufschneiden und aufgeklappt auf das bereits vorgebackene Ofengemüse legen. Die Sauerkrautmischung über den Würsten verteilen und den geriebenen Gouda darüberstreuen. Nun für weitere 10–15 Minuten zurück in den im Ofen stellen und fertig backen.

Nährwerte pro Portion:
Kalorien 576, Fett: 39,1 g,
Kohlenhydrate: 17,7 g,
Eiweiß: 34,6 g

Hausmannskost à la ruck, zuck ...

Meatballs in cremigem Pesto-Röstgemüse

3 Portionen

Praktische Resteverwertung des Gemüsefachs …

300 g rohe grobe Bratwürste
150 g rote Zwiebel, geviertelt und zerteilt
250 g braune Champignons, halbiert oder geviertelt
250 g rote Paprika, in mundgerechte Stücke geschnitten
350 g Zucchini, in mundgerechte Stücke geschnitten
250 g Spitzkohl, in Streifen geschnitten
15 ml Olivenöl, nativ extra
75 g Frischkäse
50 g Tomaten-Pesto
Salz und Pfeffer

Den Backofen auf 175 Grad Umluft vorheizen.

Die Außenhaut der Bratwürste entfernen und das rohe Wurstbrät zu runden Fleischbällchen mit etwa 3 cm Durchmesser formen. Die Fleischbällchen gemeinsam mit den Gemüsestücken in eine Ofenform geben. Mit etwas Olivenöl, Salz und Pfeffer vermengen und so für 20 Minuten in den Ofen stellen. Dann durchmischen und für weitere 10 Minuten zurück in den Ofen stellen. Anschließend aus dem Backofen nehmen und direkt in der heißen Ofenform den Frischkäse und das Tomaten-Pesto unterrühren.

Nährwerte pro Portion:
Kalorien 562, Fett: 42,9 g, Kohlenhydrate: 16,5 g, Eiweiß: 24,9 g

Bacon-Kürbishappen

2 Portionen

600 g Butternut-Kürbis, geschält, in 4–5 cm lange Spalten geschnitten
200 g Bacon, in Scheiben, in der Mitte halbiert
75 g Cheddar oder Gouda, grob gerieben
Salz und Pfeffer

Ein Kinderspiel, wenn der Kürbis mal zerteilt ist …

Den Backofen auf 185 Grad Umluft vorheizen.

Die Kürbisstücke leicht salzen und pfeffern. Dann jedes Stück mit einer halben Bacon-Scheibe umwickeln und in eine größere Ofenform geben. Die Kürbisstücke mit dem geriebenen Käse bestreuen und anschließend für 20–25 Minuten in den Ofen stellen. Etwas darauf achten, dass die Anzahl der Kürbisstücke passend zu den halbierten Baconscheiben ist.

Nährwerte pro Portion:
Kalorien 560, Fett: 37,3 g, Kohlenhydrate: 25,4 g, Eiweiß: 31,1 g

Fleischwurstkringel im Gemüsebett

4 Portionen

15 ml Olivenöl, nativ extra
85 g Zwiebel, gewürfelt
850 g Blumenkohl, grob geraspelt
250 g Karotten, grob geraspelt
75 g TK-Erbsen
1 TL Sambal Oelek
100 ml Ketchup, zuckerfrei
75 g Frischkäse
2 TL Gemüsebrühe, als Pulver
400 g (Puten-)Fleischwurst
75 g Gouda, mittelalt, gerieben
Salz und Pfeffer

Den Backofen auf 185 Grad Umluft vorheizen.

In einem größeren Topf das Olivenöl erhitzen und die Zwiebelwürfel glasig dünsten. Dann das komplette Gemüse hinzufügen und etwa 7–8 Minuten unter Rühren bissfest braten. Dann Sambal Oelek, Ketchup und Frischkäse und das Gemüsebrühepulver unter die Gemüsemischung rühren. Nun alles in eine große Auflaufform füllen und verteilen.

Einfache
und günstige
Alltagsküche ....

Die Fleischwurst in 2 Teile schneiden und die Haut abziehen. Dann die Stücke längs halbieren und jeweils von oben und unten so weit einschneiden, dass in der Mitte noch ca. 3–4 cm verbunden bleiben. Die Fleischwurststücke mit der Schnittfläche nach oben auf das Gemüse legen und noch den geriebenen Gouda verteilen. Die Auflaufform in den Ofen stellen und für 25 Minuten kross backen.

Nährwerte pro Portion:

Kalorien 522, Fett: 35,3 g, Kohlenhydrate: 15,8 g, Eiweiß: 27,7 g

Schinken-Ei-Spitzkohlpfanne

2 Portionen

Erinnert an Schinkennudeln, ist aber besser …

15 ml Olivenöl, nativ extra
100 g rote Zwiebeln, gehackt
500 g Spitzkohl, in Streifen geschnitten
150 g rote Paprika, in kleine Würfel geschnitten (alternativ Lauchringe oder TK-Erbsen)
4 Eier, Größe M
15 ml Olivenöl, nativ extra
½ TL Paprika, rosenscharf
½ TL Curry
150 g gekochter Schinken, in Scheiben, in Streifen geschnitten
Salz und Pfeffer

In einer großen hohen Pfanne einen Esslöffel Olivenöl erhitzen und die Zwiebelwürfel 2–3 Minuten glasig dünsten. Dann den Spitzkohl und die Paprikawürfel zufügen und alles zusammen 6–7 Minuten bissfest braten.

Währenddessen die vier Eier mit 15 ml Olivenöl und dem Paprika, Curry, Salz und Pfeffer mixen. Wenn das Gemüse bissfest ist, dann die Schinkenstreifen in die Pfanne geben. Anschließend die Eimischung zufügen und diese unter Rühren stocken lassen.

Nährwerte pro Portion:
Kalorien 486, Fett: 29,5 g, Kohlenhydrate: 18,9 g, Eiweiß: 31,4 g

Rustikaler Blumenkohl-Brokkoli-Auflauf

3 Portionen

850 g Blumenkohl, in Röschen zerteilt
500 g Brokkoli, in Röschen zerteilt
200 g Schmand
120 g Landjäger, in Würfel geschnitten
75 g Frühlingszwiebeln, in Ringe geschnitten
100 g Appenzeller-Käse, gerieben (die Hälfte ist zum Überbacken)

Den Backofen auf 185 Grad Umluft vorheizen.

Den Blumenkohl und den Brokkoli in einen Topf geben und für 8–10 Minuten in etwas Wasser bissfest garen. Während das Gemüse kocht, den Schmand, die Landjägerwürfel mit den Frühlingszwiebeln und der Hälfte des geriebenen Käses vermengen. Das Gemüse nach der Kochzeit in ein Sieb abgießen und anschließend in eine größere Auflaufform geben. Die angerührte Mischung mit einem Esslöffel auf dem Blumenkohl/Brokkoli verteilen. Nun noch mit der zweiten Hälfte des geriebenen Käses bestreuen und für 15 Minuten in den Ofen stellen.

Nährwerte pro Portion:
Kalorien 617, Fett: 43,2 g, Kohlenhydrate: 16,1 g, Eiweiß: 34,2 g

Den lässt niemand auf dem Teller verkommen …

Senf-Balsamico-Hähnchen auf Röstgemüse

3 Portionen

Für das Senf-Balsamico-Hähnchen:
30 ml dunkler Balsamico-Essig
2 TL Senf, mittelscharf
3 Hähnchenkeulen, am Gelenk in 2 Teile geschnitten

Für das Röstgemüse:
400 g rote Spitzpaprika, in mundgerechte Stücke geschnitten
150 g rote Zwiebel, in mundgerechte Stücke geschnitten
300 g Zucchini, in mundgerechte Stücke geschnitten
350 g Kohlrabi, in mundgerechte Stücke geschnitten
150 g Karotten, in mundgerechte Stücke geschnitten
1 TL Paprikapulver, rosenscharf
15 ml Olivenöl, nativ extra
Salz und Pfeffer

Den Backofen auf 180 Grad Umluft vorheizen.

Den Balsamico-Essig mit dem Senf verrühren und die zerteilten Hähnchenkeulen damit einmassieren. Gerne die Hähnchenteile mit der Mischung für mindestens 4 Stunden marinieren, dann wird es noch besser. Das Hähnchen kann auch schon prima am Vortag eingelegt werden. Hähnchen und Marinade in eine Gefriertüte geben, vermischen und im Kühlschrank ziehen lassen.

Die würzigen Hähnchenkeulen in eine kleine Ofenform legen und für 20 Minuten in den Ofen stellen.

In der Zwischenzeit das Gemüse schneiden, dieses in eine größere Ofenform geben, mit Paprika, Salz und Pfeffer würzen und mit dem Olivenöl benetzen. Wenn die Backzeit der Hähnchenkeulen vorbei ist, dann diese aus dem Ofen nehmen und heiß auf das Gemüsebett legen. Gemeinsam zurück in den Ofen und für weitere 20 Minuten backen.

Nährwerte pro Portion:
Kalorien 531, Fett: 24,8 g, Kohlenhydrate: 23,8 g, Eiweiß: 44,8 g

Senf mit Balsamico gemischt gibt dem Hähnchen den Kick ......

Mini-Gemüsespieße

2 Portionen

300 g Zucchini, in 16 Scheiben geschnitten
80 g Bacon (8 Scheiben), halbiert
16 braune Champignons, ohne Fuß
(etwa 250 g)
50 g Tomaten-Pesto
400 g rote Paprika (2 größere Exemplare),
in 16 Stücke geschnitten
125 g Mini-Mozzarella-Kugeln
(15–16 Stücke)
16 Zahnstocher aus Holz

Zipp und Zapp, schnell gespießt …

Den Backofen auf 180 Grad Umluft vorheizen.

Jede der Zucchinischeiben mit einer halbierten Bacon-Scheibe umwickeln. In jeden Champignon 1/4 Teelöffel Tomaten-Pesto füllen.

Jeweils auf ein Paprikastück eine umwickelte Zucchinischeibe legen. Darauf einen gefüllten Champignon setzen. Auf das Tomaten-Pesto im Champignon eine Mini-Mozzarella-Kugel packen und das Türmchen mit einem Zahnstocher fixieren. Alle 16 Spieße in eine Ofenform stellen und für 20 Minuten im Ofen backen.

Nährwerte pro Portion:
Kalorien 527, Fett: 34,1 g, Kohlenhydrate: 21,8 g, Eiweiß: 28,7 g

Spinat-Käsesuppe mit Chorizo

3 Portionen

Es geht doch nichts über Spanienwoche im Supermarkt …

15 ml Olivenöl, nativ extra
75 g Zwiebel, gehackt
550 g Blumenkohl, in kleinere Röschen zerteilt
2 Knoblauchzehen, gehackt
750 ml Gemüsebrühe
100 g Chorizo, in Scheiben geschnitten
75 g Manchego-Käse, fein gerieben (alternativ Parmesan)
200 g TK-Blattspinat
100 ml Sahne
Salz und Pfeffer

Das Olivenöl in einem großen Topf erhitzen und die Zwiebelwürfel darin glasig dünsten. Die Blumenkohlröschen und die Knoblauchwürfel hinzufügen und dann mit der Gemüsebrühe ablöschen. Für 15 Minuten kochen lassen. In der Zwischenzeit die Chorizoscheiben in einer kleinen Pfanne anbraten und den Käse reiben. Wenn die Blumenkohlröschen weich sind, dann diese in der Brühe mit dem Pürierstab zerkleinern. Anschließend den gefrorenen Spinat und die Sahne zufügen und die Suppe wieder heiß werden lassen. Den würzigen spanischen Manchego-Käse einrühren. Mit Salz und Pfeffer abschmecken, und die Suppe gemeinsam mit den gebratenen Chorizoscheiben anrichten.

Nährwerte pro Portion:
Kalorien 440, Fett: 32,8 g, Kohlenhydrate: 9,1 g, Eiweiß: 20,6 g

Curry-Rahmgeschnetzeltes mit Röstwirsing

3 Portionen

650 g Wirsing, in Streifen geschnitten
150 g Karotten, gewürfelt
15 ml Olivenöl, nativ extra
450 g Hähnchenbrustfilet, in Streifen geschnitten
75 g Zwiebel, gehackt
3 TL Curry
250 ml Hühnerbrühe
100 g Frischkäse
200 g geröstete Paprika, eingelegt, aus dem Glas, in Würfel geschnitten
Salz und Pfeffer

Den Backofen auf 180 Grad Umluft vorheizen.

Die Wirsingstreifen und die Karottenwürfel in eine Ofenform geben und diese für 20 Minuten in den Ofen stellen. Zwischendurch zweimal durchmischen, damit die oberen Wirsingstreifen nicht verbrennen. (Wer den Backofen nicht anwerfen will, kann den Wirsing und die Karotten auch in etwas Öl anbraten und dann bei geschlossenem Deckel etwa 12–15 Minuten schmoren lassen.)

In der Zwischenzeit das Olivenöl in einem Topf erhitzen und darin die Hähnchenstreifen für 3–4 Minuten anbraten. Die Zwiebelwürfel hinzufügen und kurz glasig dünsten. Dann das Currypulver dazugeben und

1 Minute nicht zu heiß mitbraten. Mit der Hühnerbrühe ablöschen. Anschließend den Frischkäse untermischen. Jetzt alles für 10 Minuten ohne Topfdeckel kochen lassen. Zum Schluss noch die Paprikawürfel unterheben und den gerösteten Wirsing mit den Karottenwürfeln untermischen. Abschließend mit Salz und Pfeffer abschmecken.

Nährwerte pro Portion:
Kalorien 423, Fett: 17,1 g, Kohlenhydrate: 18,2 g, Eiweiß: 44,1 g

Wirsing entwickelt beim Rösten ein tolles Aroma ...

Easy Burgerrolle

4 Portionen

Für die Teigrolle:
3 Eier, Größe M
200 g Magerquark
50 g gemahlene blanchierte Mandeln
50 g kernige Haferflocken, fein gemahlen
½ TL Backpulver
½ TL Salz

Für die Burgerfüllung:
15 ml Olivenöl, nativ extra
85 g rote Zwiebel, in Würfel geschnitten
250 g mageres Rinderhackfleisch
75 g Cheddar, grob gerieben
75 g Gewürzgurken, gewürfelt
100 g Ketchup, zuckerfrei
2 TL Senf, mittelscharf
50 g Mayonnaise
100 g Eisbergsalat, in Streifen geschnitten
75 g Karotten, grob geraspelt
150 g Kirschtomaten, geviertelt
Salz und Pfeffer

Den Backofen auf 180 Grad Umluft vorheizen.

Die Eier trennen und die Eiweiße steif schlagen. Den Quark mit den Eigelben verrühren und die übrigen Bestandteile unterrühren. Dann den Eischnee unterheben und den Teig auf ein mit Backpapier belegtes Blech streichen. Für 15 Minuten im Ofen backen.

Während die Teigrolle im Ofen backt, einen Topf erhitzen und im Olivenöl die Zwiebelwürfel glasig dünsten. Das Hackfleisch hinzufügen und krümelig braten. Mit Salz und Pfeffer würzen.

Die Teigplatte aus dem Ofen nehmen und diese mit dem Backpapier auf einem zweiten Blatt Backpapier auf den Kopf drehen. Das obere Blatt vom gebackenen Teig abziehen. Auf dem Teigboden die warme Hackfleisch-Zwiebelmischung verteilen und den Cheddar darüberstreuen. Für 5 Minuten zurück in den Ofen damit zum Überbacken.

Währenddessen die Gurkenwürfel mit dem Ketchup, dem Senf und der Mayonnaise verrühren und die Burgersoße mit Salz und Pfeffer abschmecken.

Anschließend das Blech aus dem Ofen nehmen und auf der Käse-Hack-Teigfläche den Eisbergsalat, die geraspelten Karotten und die geschnittenen Tomaten verteilen. Die Burgersoße darübergeben, und alles längs mit Hilfe des Backpapiers zu einer Rolle aufrollen. Portionsweise in Stücke schneiden und direkt genießen.

Nährwerte pro Portion:
Kalorien 554, Fett: 37,5 g, Kohlenhydrate: 17,2 g, Eiweiß: 34,2 g

Tomaten-Hack-Karottentopf

3 Portionen

15 ml Olivenöl, nativ extra
75 g Zwiebel, gehackt
400 g mageres Rinderhackfleisch
100 g Sellerie, fein gewürfelt (am besten ein Suppengrün kaufen, da ist auch schon ein Teil Lauch, Karotten und die Petersilie mit dabei)
500 g Karotten, in Stücke geschnitten
250 g Lauch, in Ringe geschnitten
400 g gehackte Tomaten, aus der Dose
2 TL Thymian, getrocknet (alternativ Majoran oder Oregano)
100 g Feta, gewürfelt
2 EL Petersilie, gehackt
Salz und Pfeffer

Einen größeren Topf mit dem Olivenöl erhitzen und die Zwiebelwürfel glasig dünsten. Dann das Hackfleisch zufügen und krümelig braten. Die Zeit während des Bratens kann man noch prima zum Schneiden der Karotten nutzen und zwischendurch immer mal wieder durchrühren.

Nach etwa 5 Minuten den Sellerie, die Karotten und den Lauch untermischen. Anschließend die gehackten Dosentomaten und den Thymian zufügen. Den Topf mit einem Deckel schließen und so für 10–12 Minuten bei mittlerer Hitze köcheln lassen. 2–3-mal mischen, damit die Karottenstücke gleichmäßig gar werden.

Zum Schluss noch den gewürfelten Feta unterheben und den Tomaten-Hack-Karottentopf mit Salz und Pfeffer abschmecken. Portionsweise in Schalen füllen und mit der Petersilie bestreuen.

Nährwerte pro Portion:
Kalorien 521, Fett: 29,3 g, Kohlenhydrate: 21,6 g, Eiweiß: 37,1 g

Da kommt eine Menge Geschmack in den Topf …

Hähnchen auf Blumenkohlreis mit Tomaten-Nuss-Topping

3 Portionen

850 g Blumenkohl, grob geraspelt
300 g Kirschtomaten, geviertelt
40 g gemischte Nüsse nach Wunsch, grob gehackt
75 g Gouda, mittelalt, gerieben
1 EL italienische Kräuter, getrocknet (Oregano, Thymian etc.)
400 g Hähnchen-Minutenschnitzel, mit Salz und Pfeffer gewürzt
15 ml Olivenöl, nativ extra
Salz und Pfeffer

Den Backofen auf 180 Grad Umluft vorheizen.

Den geraspelten Blumenkohl in eine Ofenform geben und für 15 Minuten im Ofen rösten.

Während der Blumenkohl im Ofen ist, die Kirschtomaten vierteln, die Nüsse hacken, den Gouda reiben und dann alles mit den getrockneten Kräutern mischen. Kräftig mit Salz und Pfeffer würzen.

Blumenkohl raspeln ist mit dem richtigen Gerät eine Minutensache …

Nun noch eine Pfanne erhitzen und die Hähnchenschnitzel jeweils von beiden Seiten 1–2 Minuten in ein wenig Olivenöl anbraten. Die vorgebratenen Schnitzel anschließend auf den gerösteten Blumenkohlreis legen und die Tomaten-Nuss-Käsemischung darüber verteilen. Für 10–15 Minuten in den Ofen schieben und dann genießen.

Nährwerte pro Portion:
Kalorien 455, Fett: 21,8 g, Kohlenhydrate: 10,5 g, Eiweiß: 48,5 g

Ratzfatz aus dem Wasser auf dem Teller

Fisch passt prima in die schnelle Küche. Kurze Garzeiten und unkompliziert in der Beschaffung, sind Lachs und Co. auch in der Alltagsküche immer häufiger auf dem Teller zu finden. Dabei kommt es nicht immer auf die Menge an, sondern schon ein wenig Räucherlachs macht ein einfaches Gericht zu einem kleinen Ereignis.

Cremige Spitzkohlpfanne mit Räucherlachs und Bacon

Bacon und Lachs sind rauchige Brüder …

3 Portionen

15 ml Olivenöl, nativ extra
75 g rote Zwiebel, gehackt
125 g Baconwürfel
750 g Spitzkohl, in 1 cm breite Streifen geschnitten
250 g Lauch, in 0,5 cm breite Ringe geschnitten
150 g Karotten, in kleine Würfel geschnitten
75 g TK-Erbsen
75 g Frischkäse
150 g Räucherlachs, in Streifen geschnitten
Salz und Pfeffer

Das Olivenöl in einem größeren Topf erhitzen und die Zwiebelwürfel für 3–4 Minuten glasig andünsten. Dann die Baconwürfel hinzufügen und kurz mitbraten. Nun das ganze Gemüse in den Topf geben und die Mischung 2–3 Minuten braten. Anschließend den Frischkäse unterrühren und den ganzen Topf für 5–6 Minuten, unter gelegentlichem Rühren, geschlossen köcheln lassen. Das Gemüse zieht etwas Wasser, und der Frischkäse verteilt sich bei jedem Umrühren besser. Zum Schluss noch die Räucherlachsstreifen zufügen und diese im heißen Essen ziehen lassen. Vorsichtig durchmischen und noch mit Salz und Pfeffer abschmecken.

Nährwerte pro Portion:
Kalorien 455, Fett: 27,5 g, Kohlenhydrate: 16,6 g, Eiweiß: 28,2 g

Zucchini-Nudeln (Zudeln) mit Thunfisch-Tomaten-Soße

2 Portionen

50 g Zwiebel, fein gewürfelt
1 Knoblauchzehe, fein gehackt
15 ml Olivenöl, nativ extra
1 EL Tomatenmark, dreifach konzentriert
400 g geschälte Tomaten, aus der Dose
1 EL Oregano, getrocknet
100 g Frischkäse
150 g Thunfisch, im eigenen Saft, abgetropft
800 g Zucchini, in Spaghetti geschnitten
15 ml Olivenöl, nativ extra
Salz und Pfeffer

Die Zwiebelwürfel und den Knoblauch in etwas Olivenöl glasig dünsten und das Tomatenmark ganz kurz mit anschwitzen. Die geschälten Tomaten und den Oregano dazugeben, und die Tomatensoße für 15 Minuten köcheln lassen. Anschließend den Frischkäse und den Thunfisch hinzufügen. Mit Salz und Pfeffer abschmecken.

Low-Carb-Basiskost …

Während die Soße kocht, die Zucchini-Nudeln schnell durch den Schneider jagen und dann in einem Topf mit einem Esslöffel Olivenöl anbraten und einige Minuten unter gelegentlichem Rühren bissfest werden lassen. Besser kein Salz zufügen, sonst tritt sehr viel Wasser aus. Die Zudeln (Zucchini-Nudeln) mit der Thunfisch-Tomaten-Soße anrichten.

Nährwerte pro Portion:
Kalorien 474, Fett: 29,2 g, Kohlenhydrate: 19,9 g, Eiweiß: 31,2 g

Kohlrabi-Erbsen-Lachspfanne

3 Portionen

1 kg Kohlrabi, in 1–2 cm große Stücke geschnitten
250 ml Gemüsebrühe, zum Kochen des Gemüses
90 g TK-Erbsen
4 Eier, Größe M
75 ml Sahne
15 ml Olivenöl, nativ extra
150 g Räucherlachs, in Streifen geschnitten
50 g Cheddar, grob gerieben
Salz und Pfeffer

Den Backofen auf 180 Grad Umluft vorheizen.

Die Kohlrabistücke in der Gemüsebrühe für 6–7 Minuten vorkochen. Nach der halben Zeit die gefrorenen Erbsen zufügen und kurz mitkochen lassen. Anschließend in einem Sieb abgießen. Während das Gemüse kocht, die Eier mit der Sahne vermischen und mit Salz und Pfeffer würzen.

Räucherlachs ist eine perfekte Zutat beim schnellen Kochen …

In einer ofenfähigen großen Pfanne die Kohlrabistücke und die Erbsen kurz im Olivenöl anbraten. Jetzt die Pfanne von der warmen Herdplatte nehmen. Die Lachsstreifen über dem Gemüse in der Pfanne verteilen und die Eiersahne in die Pfanne geben. Zum Schluss noch mit dem Cheddar bestreuen und die Pfanne für 15 Minuten in den Ofen stellen.

Nährwerte pro Portion:

Kalorien 496, Fett: 31,5 g, Kohlenhydrate: 15,9 g, Eiweiß: 31,0 g

Karotten-Pastinaken-Linsensuppe mit Räuchermakrele

Die Makrele kommt mit viel Omega-3 in den Suppentopf …

3 Portionen

15 ml Olivenöl, nativ extra
50 g Zwiebel, gewürfelt
150 g Lauch, in Ringe geschnitten
150 g Pastinaken, in Würfel geschnitten
250 g Karotten, in Würfel geschnitten
125 g rote Linsen
1 l Gemüsebrühe
75 g Frischkäse
250 g geräucherte Makrele, ohne Haut, in kleine Stücke gerupft
Salz und Pfeffer

In einem großen Topf das Olivenöl erwärmen und die Zwiebelwürfel glasig dünsten. Das komplette Gemüse kurz mit anbraten und dann die Linsen zufügen. Mit der Gemüsebrühe ablöschen. Für 15–20 Minuten kochen lassen. Anschließend den Frischkäse unterrühren. Zum Schluss noch die Makrelenstücke in der Suppe warmziehen lassen. Mit Salz und Pfeffer abschmecken.

Nährwerte pro Portion:
Kalorien 560, Fett: 29,3 g, Kohlenhydrate: 37,4 g, Eiweiß: 32,0 g

Caprese-Fischfilet auf Zucchini

2 Portionen

125 g Mozzarella, gewürfelt
50 g Basilikum-Pesto
300 g weißes Fischfilet, in grobe Stücke zerteilt
650 g Zucchini, in mundgerechte Stücke geschnitten
200 g Kirschtomaten, geviertelt
Salz und Pfeffer

Den Backofen auf 180 Grad Umluft vorheizen.

Die Mozzarellawürfel mit dem Basilikum-Pesto mischen. Die Zucchinistücke in eine Ofenform legen. Die Fischfilets auf den Zucchini verteilen. Nun die Tomatenviertel hinzufügen. Alles leicht salzen und pfeffern. Als letztes noch die Basilikum-Mozzarellawürfel verteilen. Für 20–25 Minuten im Ofen backen. Die Dauer im Ofen hängt etwas von der Dicke des Fischfilets ab.

Nährwerte pro Portion:
Kalorien 437, Fett: 23,4 g, Kohlenhydrate: 12,2 g, Eiweiß: 43,5 g

Der Fisch kann perfekt italienisch ...

Total einfache Lachs-Chinakohllasagne

4 Portionen

150 ml Ketchup, zuckerfrei
75 g Frischkäse
50 g getrocknete Tomaten, in Öl eingelegt, in Würfel geschnitten
750 g Chinakohl, unten ein Stück weggeschnitten,
in einzelne Blätter zerteilt
600 g Lachsfilet, ohne Haut, in 1 cm breite Streifen geschnitten
125 g Mozzarella, in Würfel geschnitten
25 g Parmesan, gerieben
Salz und Pfeffer

Den Backofen auf 180 Grad Umluft vorheizen.

Den Ketchup mit dem Frischkäse und den getrockneten Tomaten pürieren. Die Creme mit Salz und Pfeffer abschmecken.

Einen Esslöffel der Tomatencreme in eine Auflaufform geben und auf dem Boden verteilen. Dann eine Lage Chinakohlblätter darauflegen. Auf den Blättern etwas von der Tomatencreme dünn verstreichen. Darüber etwas Lachs legen und dann wieder Chinakohl und Tomatencreme. So weitermachen, bis alles aufgebraucht ist und die Lasagne mit Tomatencreme abschließt.

Darüber den Mozzarella und den geriebenen Parmesan verteilen, und nun die Lasagne für 35–40 Minuten in den Ofen stellen. Wenn die Lasagne zu dunkel wird, dann zwischendurch mit Alufolie abdecken.

Nährwerte pro Portion:

Kalorien 564, Fett: 38,4 g, Kohlenhydrate: 8,6 g, Eiweiß: 42,3 g

Die Chinakohlblätter sind schnell geschichtet und der Ofen macht die restliche Arbeit …

Einfach Veggie geschlemmt

Ein grünes Süppchen hier und ein zickiges Pfännchen da. Fleischlose Kost macht auch einfach Spaß und zaubert Farbe auf den Teller. Bunt ist gesund, und für die Sättigung gibt es ja immer noch Käse, leckere Böhnchen oder Linsen. Keine Angst wegen der Kohlenhydrate bei den Hülsenfrüchten, denn moderat Low Carb passen die hervorragend und sind dazu mit ihrem hohen Eiweißgehalt eine gute fleischlose Ergänzung des Speiseplans

Erbsensuppe mit Knoblauchchampignons

3 Portionen

750 ml Gemüsebrühe
240 g TK-Erbsen
600 g Kohlrabi, in kleine Würfel geschnitten
30 g Butter
400 g braune Champignons, geviertelt
1 Zehe Knoblauch, gepresst
120 g Kräuterfrischkäse
Salz und Pfeffer

In einem mittelgroßen Topf die Gemüsebrühe erhitzen und die gefrorenen Erbsen und die Kohlrabiwürfel darin für 10 Minuten kochen. Während die Suppe kocht, in einer Pfanne die Butter auf moderate Hitze erwärmen und darin die Champignons für 2–3 Minuten braten. Dann den gepressten Knoblauch untermischen und die Pilze mit Salz und Pfeffer würzen. Nun das Gemüse mit der Brühe im Topf pürieren und den Kräuterfrischkäse unterrühren. Zum Schluss die Suppe noch mit Salz und Pfeffer abschmecken. Wenn die Suppe zu dick ist, dann noch etwas Gemüsebrühe zufügen. Die Suppe mit den gebratenen Champignons anrichten.

Nährwerte pro Portion:
Kalorien 332, Fett: 19,4 g, Kohlenhydrate: 15,3 g, Eiweiß: 14,2 g

Die Suppe schmeckt das ganze Jahr …

Mozzarella-Eier-Pasta mit pikanter Apfel-Tomatensoße

2 Portionen

Für die Pasta:
250 g Mozzarella, fettarm, gewürfelt
3 Eier, Größe L
Salz und Pfeffer

Für die Tomatensoße:
15 ml Olivenöl, nativ extra
50 g rote Zwiebel, fein gehackt
½ TL rote Currypaste oder ½ gehackte Chilischote (wer keine Schärfe mag, lässt sie weg)
75 g Staudensellerie, in Würfel geschnitten
75 g Apfel, geschält und gewürfelt
400 g geschälte Tomaten, aus der Dose
1 EL italienische getrocknete Kräuter
15 g Parmesan, zum Bestreuen
Salz und Pfeffer

Den Backofen auf 180 Grad Umluft vorheizen.

Die Mozzarellawürfel und die Eier gemeinsam pürieren und mit Salz und Pfeffer würzen. Ein Backblech mit Backpapier bedecken und die Mischung darauf dünn mit einem Kuchenheber verstreichen. Der Boden sollte möglichst eben sein, sonst wird die Dicke der Nudeln ungleichmäßig. Für 8–10 Minuten im Backofen backen. Dann aus dem Ofen nehmen und den Backofen auf 90 Grad zurückdrehen. Den gebackenen Nudelteig mit einem Pizzaroller in schmale Streifen schneiden. In eine Schüssel geben und im Backofen warmstellen, bis die Soße fertig ist.

Während die Nudeln im Ofen backen, in einem Topf das Olivenöl erwärmen und die Zwiebelwürfel glasig dünsten. Die Currypaste, den Staudensellerie und die Apfelwürfel hinzufügen und für 2–3 Minuten braten. Mit den geschälten Tomaten ablöschen und dann für 15 Minuten offen kochen lassen. Anschließend die Tomatensoße mit dem Pürierstab pürieren und mit den Kräutern, Salz und Pfeffer würzen. Die Tomatensoße mit der Pasta anrichten und den Parmesan darüberstreuen.

Nährwerte pro Portion:
Kalorien 465, Fett: 26,1 g, Kohlenhydrate: 15,9 g, Eiweiß: 36,5 g

Da kommt Pastafeeling auf ...

Raclette-Rosenkohl-Frittata

2 Portionen

15 ml Olivenöl, nativ extra
500 g Rosenkohl, fertig geputzt und die Röschen halbiert
1 EL Wasser
4 Eier, Größe M, verquirlt, mit Salz und Pfeffer gewürzt
20 g gehackte Nüsse (Mandeln, Haselnüsse, Pekannüsse nach persönlichem Wunsch)
120 g Raclette-Käse in Scheiben
Salz und Pfeffer

Den Backofen auf 170 Grad Umluft vorheizen.

In einer ofenfähigen größeren Pfanne – mit vorhandenem Deckel – das Olivenöl erhitzen und den Rosenkohl für 2–3 Minuten anbraten. Mit Salz und Pfeffer würzen und 1 Esslöffel Wasser zufügen. Den Deckel schließen und den halbierten Rosenkohl für 5 Minuten garen. Anschließend die Pfanne vom Herd nehmen und das flüssige Ei hinzugeben. Mit den gehackten Nüssen betreuen und die Raclette-Scheiben in die Pfanne legen. Für 15 Minuten im Ofen backen.

Nährwerte pro Portion:
Kalorien 596, Fett: 40,1 g, Kohlenhydrate: 12,7 g, Eiweiß: 44,1 g

Zickige Champignonpfanne

2 Portionen

Zickig bin ich nur auf dem Teller …

15 ml Olivenöl, nativ extra
50 g rote Zwiebel, gehackt
700 g braune Champignons, halbiert oder geviertelt
2 TL Kräuter der Provence, getrocknet (alternativ getrocknete Kräuter nach Wunsch)
100 g Ziegenfrischkäse
255 g Kidneybohnen, aus der Dose, abgetropft und mit Wasser abgespült
75 g Frühlingszwiebeln, in Ringe geschnitten
Salz und Pfeffer

In einer hohen Pfanne das Olivenöl erhitzen und die Zwiebelwürfel glasig andünsten. Dann die Champignons zufügen und diese für 3–4 Minuten braten. Anschließend die Kräuter der Provence und den Ziegenfrischkäse zufügen. Alles gut mischen und zum Schluss noch die Kidneybohnen und die Frühlingszwiebeln unterheben. Alles warmziehen lassen, mit Salz und Pfeffer abschmecken und dann genießen.

Nährwerte pro Portion:
Kalorien 357, Fett: 14,7 g, Kohlenhydrate: 27,0 g, Eiweiß: 24,5 g

Halloumi-Tomaten-Pesto-Zucchini

2 Portionen

700 g Zucchini, in mundgerechte grobe Stücke geschnitten
250 g Halloumi-Käse, in 16 Stücke geschnitten
200 g Kirschtomaten
50 g Tomaten-Pesto
Salz und Pfeffer

Den Backofen auf 180 Grad Umluft vorheizen.

Die Zucchinistücke mit dem Halloumi und den Kirschtomaten in einer großen Ofenform gemeinsam mit dem Tomaten-Pesto mischen. Noch etwas mit Salz und Pfeffer nachwürzen. Für 20 Minuten im Ofen backen.

Nährwerte pro Portion:
Kalorien 597, Fett: 43,3 g, Kohlenhydrate: 16,0 g, Eiweiß: 35,5 g

So schmeckt der Ratzfatz-Sommer ...

Sauerkrautsuppe mit Paprika

3 Portionen

So deftig, dass keiner mit Veggie rechnet …

15 ml Olivenöl, nativ extra
85 g Zwiebel, gehackt
100 g Karotten, gewürfelt
250 g rote Spitzpaprika, gewürfelt
400 g Sauerkraut
500 ml Gemüsebrühe
75 g Ajvar, scharf
2 TL Senf, mittelscharf
255 g Kidneybohnen, aus der Dose, abgetropft und mit Wasser abgespült
200 g Schmand
Salz und Pfeffer

In einem großen Topf das Olivenöl erhitzen und die Zwiebelwürfel glasig andünsten. Die Karotten- und Paprikawürfel hinzufügen und ebenfalls kurz anbraten. Dann das Sauerkraut untermischen. Als nächstes mit der Gemüsebrühe ablöschen und den Ajvar und den Senf unterrühren. Die Suppe für 10 Minuten kochen lassen. Dann noch die Kidneybohnen und den Schmand unterrühren und die Suppe wieder warmziehen lassen. Zum Schluss mit Salz und Pfeffer abschmecken.

Nährwerte pro Portion:
Kalorien 410, Fett: 23,8 g, Kohlenhydrate: 30,2 g, Eiweiß: 13,0 g

Texas-Brokkolipfanne

Für fleischlose Cowgirls und Cowboys ...

2 Portionen

15 ml Olivenöl, nativ extra
50 g rote Zwiebel, gehackt
1 Knoblauchzehe, fein gehackt
1 rote Chilischote, fein gehackt
400 g Brokkoli, in Röschen geschnitten
250 g Kirschtomaten, halbiert
150 g rote Paprika, in Würfel geschnitten
100 g orange Paprika, in Würfel geschnitten
100 ml Ketchup, zuckerfrei
75 g Kräuterfrischkäse
255 g Kidneybohnen, aus der Dose, abgetropft und mit Wasser abgespült
Salz und Pfeffer

In einem größeren Topf das Olivenöl erhitzen und die Zwiebelwürfel glasig andünsten. Anschließend die Knoblauchwürfel und den Chili zufügen. Kurz braten und dann die Brokkoliröschen und die Kirschtomaten untermischen. Mit Salz und Pfeffer würzen und den Topf für 5 Minuten mit geschlossenem Deckel köcheln lassen. Nun die Paprikawürfel zufügen, kurz braten und dann wieder bei geschlossenem Deckel für 5–6 Minuten bei niedriger Temperatur kochen lassen. Anschließend den Ketchup und den Kräuterfrischkäse unterrühren. Jetzt noch die Kidneybohnen hinzufügen und die Texas-Brokkolipfanne wieder warmziehen lassen.

Nährwerte pro Portion:

Kalorien 475, Fett: 18,4 g, Kohlenhydrate: 42,8 g, Eiweiß: 24,0 g

Lauch-Linsensuppe mit Curry

3 Portionen

15 ml Olivenöl, nativ extra
85 g Zwiebel, gewürfelt
600 g Lauch, in Ringe geschnitten
125 g rote Linsen
3 TL Curry
750 ml Gemüsebrühe
200 ml Kokosmilch
200 g geröstete Paprika, eingelegt, aus dem Glas, abgetropft und klein geschnitten
Salz und Pfeffer

In einem großen Topf das Olivenöl erwärmen und die Zwiebelwürfel glasig andünsten. Den Lauch kurz mit anbraten und dann die Linsen zufügen. Nun noch das Curry untermischen und anschließend alles mit der Gemüsebrühe ablöschen. Für 15–20 Minuten kochen lassen. Die Kochzeit zum Schneiden der Paprika nutzen. Zum Schluss noch die Kokosmilch und die Paprikawürfel hinzufügen. Warmziehen lassen und die Suppe mit Salz und Pfeffer abschmecken.

Nährwerte pro Portion:
Kalorien 422, Fett: 19,4 g,
Kohlenhydrate: 38,9 g,
Eiweiß: 17,9 g

Die eingelegten Paprika aus dem Glas bringen eine süßsaure Note …

Kalte Feierabend-Schmausereien mit Pfiff

Manchmal kommt man abends heim und hat die Schweißperlen auf der Stirn. Entweder weil der Tag hektisch war oder die Außentemperatur hoch ist. In beiden Fällen helfen meine kalten Schmausereien, die schnell gemacht, für Abkühlung und kulinarische Entspannung sorgen. Dabei geht es auch manchmal lauwarm zu, denn warm mit kalt zu kombinieren mag ich sehr gerne und bringe Sie hoffentlich ebenfalls auf den Geschmack.

Garnelencocktail im Salatbett

2 Portionen

150 g Romana-Salat, in breite Streifen geschnitten
100 g saure Sahne
50 g Mayonnaise
2 TL Sahne-Meerrettich
200 g Party-Garnelen, aus dem Kühlregal
100 g Snack-Gurken, gewürfelt
100 g Kirschtomaten, geviertelt
100 g orange Paprika, in kleine Würfel geschnitten
2 EL frische Kresse, das Grün mit der Schere abgeschnitten
Salz und Pfeffer

Den zerkleinerten Romana-Salat auf 2 Tellern verteilen. Alle anderen Zutaten einfach in einer Schüssel vermischen, mit Salz und Pfeffer abschmecken und dann über dem grünen Salat verteilen.

Nährwerte pro Portion:
Kalorien 386, Fett: 27,8 g,
Kohlenhydrate: 9,0 g,
Eiweiß: 23,9 g

Luxus für Schnellkocher ...

Tomaten-Thunfischrolle

3 Portionen

Für die Teigrolle:
3 Eier, Größe M
200 g Magerquark
50 g gemahlene blanchierte Mandeln
50 g kernige Haferflocken, fein gemahlen
½ TL Backpulver
½ TL Salz

Für die Tomaten-Thunfisch-Füllung:
150 ml stückige Tomaten, aus der Dose
150 g Thunfisch, in Lake, bereits abgetropft
30 g Tomatenmark, dreifach konzentriert
1 TL Senf, mittelscharf
75 g Kräuterfrischkäse
50 g Rucola
125 g rote Paprika, in kleine Würfel geschnitten
100 g orange Paprika, in kleine Würfel geschnitten
Salz und Pfeffer

Den Backofen auf 180 Grad Umluft vorheizen.

Die Eier trennen und die Eiweiße steif schlagen. Den Quark mit den Eigelben verrühren und die übrigen Bestandteile unterrühren. Dann den Eischnee unterheben und den Teig auf ein mit Backpapier belegtes Blech streichen. Für 15 Minuten im Ofen backen. Die Teigplatte aus dem Ofen nehmen und diese mit dem Backpapier auf den Kopf drehen. Am besten ein weiteres Blatt Backpapier unterlegen. Das obere Backpapier abziehen und kurz abkühlen lassen.

Während die Teigrolle im Ofen ist, die stückigen Tomaten mit dem Thunfisch, dem Tomatenmark, dem Senf und dem Kräuterfrischkäse pürieren. Die Masse mit Salz und Pfeffer abschmecken. Auf den Teigboden jetzt den Rucola streuen und dann die Thunfischcreme in Klecksen verteilen. Mit dem Rücken eines Esslöffels die Creme etwas verstreichen und nun die Paprikawürfel darüberstreuen. Alles zusammen vorsichtig aufrollen und in 5–6 cm breite Scheiben schneiden.

Nährwerte pro Portion:
Kalorien 465, Fett: 23,4 g, Kohlenhydrate: 23,1 g, Eiweiß: 38,0 g

Ein perfektes Sommerabendessen ...

Hack-Kohlsalat mit Curry

4 Portionen + 2–3 Std. zum Durchziehen

1 kg Spitzkohl, zerteilt, in 5 mm breite Streifen geschnitten
250 g rote Spitzpaprika, in Würfel geschnitten
2 EL Olivenöl, nativ extra
400 g mageres Rinderhackfleisch
50 g Zwiebel, gehackt
100 g TK-Erbsen
1 TL Curry
1 TL Paprika, rosenscharf
Salz und Pfeffer

Für das Dressing:
150 g Griechischer Joghurt, 10 % Fett
2 EL Ketchup, zuckerfrei
1 EL heller Weinessig
1 Süßstoff-Tablette, zu Pulver zerdrückt
1 EL Olivenöl, nativ extra
2 TL Curry
Salz und Pfeffer

Den Backofen auf 180 Grad Umluft vorheizen.

Die Kohlstreifen und die Paprikastücke in eine Auflaufform werfen und einen Esslöffel Olivenöl darüber verteilen. Durchmischen und mit Salz und Pfeffer würzen. Für 20 Minuten im Ofen backen. Zwischendurch 2-mal durchrühren und anschließend abkühlen lassen. Wer keinen Backofen nehmen möchte, kann das Gemüse auch auf dem Herd bissfest braten.

Während der Kohl im Ofen ist, das Hackfleisch in einem Topf mit einem Esslöffel Olivenöl anbraten. Wenn das Hackfleisch krümelig ist, dann die Zwiebelwürfel zufügen und gemeinsam für 3–4 Minuten braten. Nun noch die gefrorenen Erbsen zufügen und alles für weitere 3–4 Minuten braten. Mit Salz und Pfeffer würzen und das Curry- und Paprikapulver untermischen. Die warme Hackmischung aus dem heißen Topf in eine Salatschüssel geben, dann kühlt sie schneller ab.

Die Zutaten für das Dressing in einem Schüsselchen mischen. Nun den gerösteten Kohl zur Hackmischung in die Salatschüssel geben und das Dressing untermischen. Jetzt muss der Salat nur noch 2–3 Stunden ziehen. Vorbereiten und später schnell und lecker essen ist das Motto des Salates.

Nährwerte pro Portion:
Kalorien 470, Fett: 27,7 g, Kohlenhydrate: 17,3 g, Eiweiß: 31,3 g

Achtung, der Salat braucht Ruhezeit ...

Kasseler im Rettichbett mit Tomatencreme und Rucola

2 Portionen

400 g Rettich, in dünne Scheiben geschnitten
150 g Kasseler-Aufschnitt, in Röllchen gedreht
150 g Kirschtomaten, halbiert
25 g Rucola, in Stücke geschnitten
150 g saure Sahne
70 g getrocknete Tomaten, in Öl und Kräutern eingelegt, in Würfel geschnitten
15 ml Olivenöl, nativ extra
1 TL Zitronensaft (alternativ heller Weinessig)
Salz und Pfeffer

Schnell, kalt und lecker. Passt hierher ...

Den Rettich wie Carpaccio auf großen Tellern ausbreiten. Darauf die Kasseler-Röllchen, die Kirschtomaten und den Rucola verteilen. Die saure Sahne mit den getrockneten Tomaten, dem Olivenöl und dem Zitronensaft pürieren. Mit Salz und Pfeffer abschmecken und die Creme in Klecksen auf den Teller geben.

Nährwerte pro Portion:
Kalorien 362, Fett: 22,4 g, Kohlenhydrate: 16,6 g, Eiweiß: 20,7 g

Gemüse-Hüttenkäse-Salat

1 Portion

15 ml Olivenöl, nativ extra
50 g rote Zwiebel, fein gehackt
75 g rote Paprika, in kleine Würfel geschnitten
100 g Zucchini, in kleine Würfel geschnitten
75 g Kirschtomaten, geviertelt
200 g Hüttenkäse, 20 % Fett
50 ml Ketchup, zuckerfrei
1 TL Senf, mittelscharf
10 g Walnüsse (oder andere Nüsse), grob gehackt
Salz und Pfeffer

Eine Pfanne mit dem Olivenöl erhitzen und darin die Zwiebelwürfel für 2–3 Minuten glasig dünsten. Dann noch die Paprika- und die Zucchiniwürfel hinzufügen. Gemeinsam für 3–4 Minuten bissfest braten und anschließend heiß in eine Salatschüssel füllen. Nun die Kirschtomaten klein schneiden und, wenn das gebratene Gemüse nur noch lauwarm ist, dann den Hüttenkäse, die geviertelten Tomaten, den zuckerfreien Ketchup und den Senf untermischen. Mit Salz und Pfeffer abschmecken und vorm Verzehr mit den gehackten Walnüssen bestreuen.

Nährwerte pro Portion:
Kalorien 506, Fett: 30,8 g, Kohlenhydrate: 19,9 g, Eiweiß: 32,3 g

Easy-Peasy-Leberwurstsalat

2 Portionen

200 g Eisbergsalat, in Stücke geschnitten
255 g Kidneybohnen, aus der Dose, abgetropft und mit Wasser abgespült
150 g rote Paprika, gewürfelt
100 g orange Paprika, gewürfelt
125 g feine Leberwurst (Geflügel oder Schwein)
1 EL dunkler Balsamico-Essig
150 g saure Sahne
2 EL Schnittlauch, in Röllchen geschnitten (frisch oder TK)
Salz und Pfeffer

Die Zutaten für den Salat mischen und auf Tellern anrichten. Die feine Leberwurst, den Balsamico-Essig und die saure Sahne gemeinsam pürieren und die Creme mit Salz und Pfeffer abschmecken.
Dann die aromatische Leberwurstcreme auf den Salat geben und mit den Schnittlauchröllchen bestreuen.

Nährwerte pro Portion:
Kalorien 448, Fett: 20,9 g,
Kohlenhydrate: 30,7 g,
Eiweiß: 25,0 g

Für Liebhaber der Leberwurst ...

Mediterrane Zucchinischnitten

2 Portionen

800 g Zucchini
75 g getrocknete Tomaten, in Kräuteröl, abgetropft, fein gewürfelt
75 g grüne Oliven, pikant in Kräuter und Öl eingelegt, fein gewürfelt
100 g Manchego-Käse, grob gerieben

Den Backofen auf 180 Grad Umluft vorheizen.

Die Zucchini längs halbiert in 5–6 cm lange Stücke schneiden, die belegt werden können. Eventuell einen Teil der Kerne entfernen. Die Zucchinistücke auf ein Blech mit Backpapier legen. Die getrockneten Tomaten, die Olivenwürfel und den geriebenen Manchego-Käse vermengen. Die Mischung über den Zucchinistücken verteilen und dann für 15 Minuten im Ofen backen. Kurz abkühlen lassen und lauwarm genießen.

Nährwerte pro Portion:
Kalorien 365, Fett: 23,6 g, Kohlenhydrate: 15,3 g, Eiweiß: 21,3 g

Fernweh lässt sich lecker wegessen …

Gyros-Garnelen mit Tsatsiki-Gurkensalat

2 Portionen

Für die Gyros-Garnelen:
400 g Garnelen, roh und ungeschält (alternativ Hähnchengeschnetzeltes)
20 ml Olivenöl, nativ extra
1 Knoblauchzehe, gepresst
2 TL Paprikapulver, rosenscharf
½ TL Curry
2 TL Kräuter, frisch oder getrocknet (Thymian, Majoran, Rosmarin etc.)

Für den Tsatsiki-Gurkensalat:
500 g Salatgurke, in dünne Scheiben gehobelt
250 g Kirschtomaten, halbiert
150 g Magerquark
100 g Griechischer Joghurt, 10 % Fett
10 ml Olivenöl, nativ extra
1 EL Zitronensaft, frisch gepresst
etwas Abrieb einer Bio-Zitronenschale
1 Knoblauchzehe, gepresst
1 TL Oregano, getrocknet
2 TL Dill, frisch oder TK
Salz und Pfeffer

Die Garnelen mit dem Olivenöl, dem Knoblauch und den Gewürzen einlegen und für etwa 20 Minuten im Kühlschrank marinieren. Länger marinieren geht natürlich immer. Die Gurkenscheiben kräftig salzen und in einem Sieb ebenfalls für etwa 20 Minuten abtropfen lassen.

Anschließend die kompletten Zutaten für den Tsatsiki-Gurkensalat mischen und diesen im Kühlschrank durchziehen lassen, während die Gyros-Garnelen gebraten werden. Dazu eine Pfanne erhitzen und die Garnelen ohne zusätzliches Fett für 2–4 Minuten braten. Mit Salz und Pfeffer würzen und anschließend gemeinsam mit dem Tsatsiki-Gurkensalat servieren. Wenn sich auf dem Tsatsiki-Gurkensalat im Kühlschrank etwas Wasser bildet, dann vorsichtig abgießen, sonst wird der Salat zu wässrig.

Nährwerte pro Portion:
Kalorien 441, Fett: 21,6 g, Kohlenhydrate: 18,7 g, Eiweiß: 41,4 g

Warum nicht Garnelen mit Gyrosgeschmack?

Bunter Salat mit geröstetem Apfel-Bacon

1 Portion

100 g Bacon, in 8 Scheiben geschnitten
100 g Apfel, in 8 Schnitze/Spalten geschnitten

Für das Dressing:
1 TL heller Weinessig
1 EL Olivenöl, nativ extra
15 g Ziegenfrischkäse
1 EL Wasser
10 g Schnittlauch, in Röllchen geschnitten (frisch oder TK)
Salz und Pfeffer

75 g Romana-Salat, in breite Streifen geschnitten
50 g Kirschtomaten, halbiert
50 g rote Paprika, in Streifen geschnitten
50 g Snack-Gurken, in Scheiben geschnitten

Den Backofen auf 180 Grad Umluft vorheizen.

Ich liebe die Kombination aus Apfel und Bacon …

Die Baconscheiben um die Apfelschnitze wickeln und in einer kleinen Ofenform für 20 Minuten in den Backofen stellen. Die Zutaten für das Dressing mit einem Schneebesen verrühren. Die Schnittlauchröllchen erst am Ende zufügen. Die bunte Salatmischung auf einem großen Teller anrichten und mit dem vorbereiteten Dressing beträufeln. Als letztens die warmen Apfel-Bacon-Stücke auf dem Salat verteilen.

Nährwerte pro Portion:

Kalorien 527, Fett: 38,7 g, Kohlenhydrate: 22,8 g, Eiweiß: 20,6 g

Low-Carb-Backen geht auch ganz easy

Die größte Herausforderung war es, mich bei den Backzutaten so weit zu reduzieren, dass nichts darin zu finden ist, was Sie nicht in einem x-beliebigen Supermarkt finden können. Das Ergebnis hat mich aber dennoch positiv überrascht, denn um erste Erfahrungen beim Low-Carb-Backen zu sammeln, ist es ideal. Probieren Sie es aus, es geht wirklich ganz einfach.

Hinweise zum Austausch der Süßstofftabletten und auch eine Alternative zu den kernigen Haferflocken finden Sie auf Seite 31 (jetzt kommen die Bäckerinnen und Bäcker zum Zug).

Das Low-Carb-Anfängerbrot

1 kleine Kastenform, mit 20 cm Länge, ergibt etwa 16 Scheiben

bzw. 1 Stunde Backzeit im Ofen

Der Türöffner in die Low-Carb-Backstube ...

250 g Magerquark
2 Eier, Größe L
80 g kernige Haferflocken, fein gemahlen
150 g blanchierte gemahlene Mandeln (alternativ die halbe Menge gegen gemahlene Walnüsse tauschen, dann wird das Brot dunkler und herber im Geschmack)
25 g Chia-Samen
40 g Kürbiskerne
2 TL Backpulver
1 TL Salz
1 MSP gemahlener Pfeffer

Den Backofen auf 170 Grad Umluft vorheizen. Eine kleine Kastenform mit Backpapier auskleiden. Alle Zutaten für das Brot auf einen Schlag in eine Rührschüssel geben, den Teig anrühren und in die Form geben. Für 55–60 Minuten im Ofen backen. Nach etwa 30 Minuten mit Alufolie abdecken, sonst wird das Brot zu dunkel. Statt Kürbiskernen gehen auch prima gehackte Walnüsse oder eine Mischung aus Sonnenblumenkernen, Kürbiskernen und Pinienkernen. Was immer an Nüssen und Kernen da ist, kann eingesetzt werden.

Nährwerte pro Scheibe:
Kalorien 119, Fett: 7,9 g, Kohlenhydrate: 4,2 g, Eiweiß: 6,6 g

Happy-Day-Brötchen

9 Stück

250 g Magerquark
2 Eier, Größe L
100 g gemahlene blanchierte Mandeln
100 g kernige Haferflocken, fein gemahlen
30 g Chia-Samen
2 TL Backpulver
1 TL Salz
½ TL Senf, mittelscharf

Den Backofen auf 180 Grad Umluft vorheizen.

Alle Zutaten auf einen Schlag in eine Rührschüssel geben und zu einem Teig verrühren. Den Teig für 10 Minuten ziehen lassen. Die Chia-Samen quellen in der Zeit leicht auf. Mit einem größeren Löffel den Teig in 9 Portionen auf ein mit Backpapier belegtes Blech geben. Für 25–30 Minuten backen. Doppelte Menge backen und Brötchen einfrieren spart Aufwand. Auftauen und kurz auftoasten und die Brötchen sind zum Verzehr bereit.

Nährwerte pro Brötchen:
Kalorien 162, Fett: 9,3 g, Kohlenhydrate: 8,5 g, Eiweiß: 9,4 g

Das Frühstücksbrötchen für einen glücklichen Tag …

Baconmuffins Yummie-Style

6 Muffins

3 Eier, Größe L
25 ml Olivenöl, nativ extra
50 g kernige Haferflocken, fein gemahlen
75 g gemahlene blanchierte Mandeln
125 g Baconwürfel
75 g Frühlingszwiebeln, in Ringe geschnitten
75 g Karotten, grob geraspelt
1 TL Paprikapulver, rosenscharf
½ TL Backpulver
½ TL Salz

Den Backofen auf 180 Grad Umluft vorheizen.

Alle Zutaten auf einmal in eine Rührschüssel geben und zu einem Teig verrühren. Diesen gleichmäßig auf 6 Muffinförmchen verteilen. Bei Bedarf die Förmchen fetten. Nun für 30 Minuten im Ofen backen. Als Beigabe zu einem Salat werden die Baconmuffins eine perfekte Mahlzeit.

Nährwerte pro Muffin:
Kalorien 254, Fett: 18,9 g, Kohlenhydrate: 8,3 g, Eiweiß: 11,0 g

So lecker. Ganz einfach nur yummie ...

Haferflocken-Pekan-Kekse

1 Backblech mit 28 Keksen

Täglich grüßt das Keksmonster …

75 ml Sahne
2 Eier, Größe M
100 g gemahlene blanchierte Mandeln
50 g kernige Haferflocken, fein gemahlen
35 g kernige Haferflocken im Originalzustand
40 g Pekannüsse, gehackt
15 Süßstoff-Tabletten, zu Pulver zerdrückt
½ TL Vanillemark oder Vanille aus der Mühle
2 TL Backpulver

Den Backofen auf 160 Grad Umluft vorheizen.

Alle Zutaten zu einem Teig verrühren, und dann mit einem Teelöffel 28 Häufchen auf ein Blech mit Backpapier setzen. Nun noch für etwa 15–20 Minuten im Ofen backen.

Nährwerte pro Keks:
Kalorien 56, Fett: 4,3 g, Kohlenhydrate: 2,2 g, Eiweiß: 1,8 g

Schoko-Haselnuss-Muffins

6 Muffins

75 g Butter, weich
3 Eier, Größe M
125 g gemahlene Haselnüsse
2 TL Backpulver
15 Süßstoff-Tabletten,
zu Pulver zerdrückt
50 g Haselnüsse, gehackt
50 g Schokolade, 85 %,
mit dem Messer gehackt

Den Backofen auf 180 Grad Umluft vorheizen.

Die Butter mit den Eiern verrühren. Dann die gemahlenen Haselnüsse, das Backpulver und die zerkleinerten Süßstofftabletten hinzufügen. Zum Schluss in den Teig noch die gehackten Haselnüsse und die gehackte Schokolade rühren. In 6 Muffinformen füllen – bei Bedarf diese fetten – und die Schoko-Haselnuss-Muffins für 25–30 Minuten backen.

Nährwerte pro Muffin:
Kalorien 379, Fett: 35,7 g, Kohlenhydrate: 4,6 g, Eiweiß: 8,4 g

Gelegentlich muss auch der vernünftigste Low Carber mal naschen ...

Himbeer-Frischkäse-Mandelkuchen

1 Kuchen 18 cm Durchmesser / 8 Stücke

2 Eier, Größe L
125 g Frischkäse
18 Süßstoff-Tabletten,
zu Pulver zerdrückt
150 g gemahlene blanchierte Mandeln
50 g Mandeln, blanchiert, gehackt
2 TL Backpulver
10 g Butter, weich,
zum Fetten der Form
125 g frische Himbeeren

Fruchtig frisch für den Nachmittagskaffee ...

Den Backofen auf 180 Grad Umluft vorheizen.

Die beiden Eier mit dem Frischkäse und den pulverisierten Süßstoff-Tabletten cremig rühren. Die trockenen Zutaten mischen und diese esslöffelweise unterrühren. Eine kleine Springform am Rand fetten und den Boden mit Backpapier bedecken. Mehrere Esslöffel vom Teig in die Form geben und darauf einen Teil der Himbeeren verteilen. Weiteren Teig dazugeben und wieder einige Himbeeren streuen. So verfahren, bis Teig und Himbeeren aufgebraucht sind. Für 35–40 Minuten in den Ofen stellen und backen.

Nährwerte pro Stück:
Kalorien 232, Fett: 20,3 g, Kohlenhydrate: 2,9 g, Eiweiß: 7,8 g

Kokos-Schoko-Schock

1 Kuchen mit 18 cm Durchmesser / 8 Stücke

150 g gemahlene blanchierte Mandeln
50 g Kokosraspel
18 Süßstoff-Tabletten, zu Pulver zerdrückt
2 TL Backpulver
100 g Schokolade, 85 %, im Wasserbad geschmolzen
3 Eier, Größe L
10 g Butter, weich, zum Fetten der Form

Den Backofen auf 180 Grad Umluft vorheizen.

Die trockenen Zutaten in einer kleinen Schüssel mischen. Die Schokolade im Wasserbad schmelzen lassen. Die Eier aufschlagen und die trockenen Zutaten und die Schokolade nach und nach unterrühren. Den Teig in eine kleine gefettete Springform geben und für 35–40 Minuten backen.

Nährwerte pro Stück:
Kalorien 273, Fett: 23,7 g,
Kohlenhydrate: 4,6 g, Eiweiß: 8,2 g

Kokos-Schoko-Schock besteht nur aus fünf verschiedenen Buchstaben ...

Teatime-Cake

1 kleine Kastenform mit 20 cm Länge (ergibt etwa 8 Stück)

75 g Butter, weich
3 Eier, Größe M
15 Süßstoff-Tabletten, zu Pulver zerdrückt
125 g gemahlene blanchierte Mandeln
50 g kernige Haferflocken, fein gemahlen
½ TL Vanillemark oder Vanille aus der Mühle
2 TL Backpulver
75 g Schokolade, 85 %, mit dem Messer gehackt
(alternativ 50 g Rosinen, gehackt, wer es lieber fruchtig mag)

Den Backofen auf 180 Grad Umluft vorheizen.

Die Butter mit den Eiern und den zerdrückten Süßstoff-Tabletten verrühren. Die gemahlenen Mandeln mit den Haferflocken, der Vanille und dem Backpulver mischen und esslöffelweise unterrühren. Zum Schluss noch die gehackte Schokolade in den Teig geben.

Ein perfekter Rührkuchen für den Nachmittagstee …

Den Kuchenteig in eine mit Backpapier ausgelegte Kastenform füllen und für 40–45 Minuten backen. Nach 30 Minuten mit Alufolie schützen, sonst wird der Kuchen zu dunkel.

Nährwerte pro Stück:
Kalorien 273, Fett: 23,3 g, Kohlenhydrate: 6,8 g, Eiweiß: 7,4 g

Rezeptübersicht

Turbo-Frühstücke für jeden Geschmack

Flotte Küche mit Fleisch

Ratzfatz aus dem Wasser auf dem Teller

Einfach Veggie geschlemmt

Kalte Feierabend-Schmausereien mit Pfiff

Low-Carb-Backen geht auch ganz easy

Register

ÖL OLIVEN

L

M

TICK
TACK

Notizen

www.happycarb.de

HAFER FLOCKEN

HAPPY
FOOD

Gesunde Ernährung rund um die LOGI-Methode und LOGI-Low-Carb

Glücklich und schlank.
Mit viel Eiweiß und dem richtigen Fett. Das komplette LOGI-Basiswissen. Mit umfangreichem Rezeptteil.
Dr. Nicolai Worm
978-3-942772-96-9 22,00 €

Das große LOGI-Kochbuch.
120 raffinierte Rezepte zur Ernährungsrevolution von Dr. Nicolai Worm. Mit exklusiven LOGI-Kompositionen der Spitzenköche Alfons Schuhbeck, Vincent Klink, Ralf Zacherl, Christian Henze und Andreas Gerlach.
Franca Mangiameli
978-3-942772-79-2 22,00 €

Das neue große LOGI-Kochbuch.
120 neue Rezepte – auch für Desserts, Backwaren und vegetarische Küche. Jede Menge LOGI-Tricks und die klügsten Alternativen zu Pizza, Pommes und Pasta.
Franca Mangiameli | Heike Lemberger
978-3-942772-88-4 22,00 €

Das große LOGI-Fischkochbuch.
Köstliche Gerichte mit Fisch und Meeresfrüchten aus heimischen Gewässern und aus aller Welt.
S. Thiel | A. Fischer 15,99 €
978-3-942772-07-5 ~~19,99 €~~

Das große LOGI-Back- und Dessertbuch.
Über 100 raffinierte Dessertrezepte, die Sie niemals für möglich gehalten hätten. So macht Leben nach LOGI noch mehr Spaß! Mit ausführlichem Stevia-Extrakapitel.
Franca Mangiameli | Heike Lemberger
978-3-927372-66-5 19,95 €

LOGI seasonal Sommer.
Die schönsten Rezepte für den Sommer.
978-3-95814-105-6 18,00 €

LOGI seasonal Herbst.
Die schönsten Rezepte für den Herbst.
978-3-95814-104-9 18,00 €

Das große LOGI-Grillbuch.
120 heiß geliebte Grillrezepte rund um Gemüse, Fisch und Fleisch. Ein Fest für LOGI-Freunde.
Heike Lemberger
Franca Mangiameli 15,99 €
978-3-942772-12-9 ~~18,00 €~~

Vegetarisch kochen mit der LOGI-Methode.
LOGI ohne Fisch und Fleisch? Na klar! 80 innovative und kreative LOGI-Veggie-Rezepte. Wenige Kohlenhydrate – glutenfrei! Mit vielen veganen Rezeptalternativen.
Susanne Thiel | Dr. Nicolai Worm
978-3-942772-89-1 22,00 €

Das LOGI-Fanbuch.
Erfolgsgeschichten, Rezepte, Tipps und Tricks von Fans für Fans der LOGI-Methode.
978-3-95814-079-0 19,99 €

Leicht abnehmen! Geheimrezept Eiweiß.
Gewicht verlieren mit Eiweiß und Formula-Mahlzeiten. Und dann: gesund und schlank auf Dauer mit LOGI.
Dr. Hardy Walle | Dr. Nicolai Worm
978-3-95814-009-7 19,99 €

Leicht abnehmen! Das Rezeptbuch.
Gewicht verlieren mit Eiweiß und Formula-Mahlzeiten. Und für danach: 70 einfache und abwechslungsreiche LOGI-Rezepte.
Dr. Hardy Walle
978-3-927372-40-5 12,95 €

LOGI. Das Buch.
Das Beste aus 15 Jahren LOGI. 300 Rezepte, Theorie und Tipps.
978-3-95814-026-4 30,00 €

Eiweiß-Guide.
Tabellen mit über 500 Lebensmitteln bewertet nach ihrem Eiweißgehalt und ausgewählten Aminosäuren.
Franca Mangiameli | Heike Lemberger
Dr. Nicolai Worm
978-3-942772-64-8 9,99 €

Fett Guide.
Wie viel Fett ist gesund? Welches Fett wofür? Tabellen mit über 500 Lebensmitteln, bewertet nach ihrem Fettgehalt und ihrer Fettqualität.
Heike Lemberger | Ulrike Gonder
Dr. Nicolai Worm 7,49 €
978-3-942772-09-9 ~~9,99 €~~

LOGI-Guide.
Tabellen mit über 500 Lebensmitteln, bewertet nach ihrem glykämischen Index und ihrer glykämischen Last.
Franca Mangiameli
Dr. Nicolai Worm | Andra Knauer
978-3-942772-02-0 6,99 €

Die LOGI-Kochkarten.
Die besten LOGI-Rezepte. Einfallsreich, einfach, preiswert.
978-3-942772-54-9 5,00 €

Das große LOGI-Familienkochbuch.
Die LOGI-Ernährungsmethode für die ganze Familie in Theorie und Praxis. Mit 100 tollen Rezepten, die auch Kindern schmecken.
Marianne Botta | Dr. Nicolai Worm
978-3-95814-016-5 22,00 €

Der LOGI-Muskel-Coach.
Die ultimative Sporternährung für Muskelaufbau und Ausdauertraining.
Dr. Torsten Albers | Dr. Nicolai Worm
Kirsten Segler
978-3-942772-13-6 19,99 €

Mehr vom Sport! Low-Carb und LOGI in der Sporternährung.
Unter Mitwirkung zahlreicher Spitzensportler: Boxweltmeister Felix Sturm, Schwimmprofi Mark Warnecke, Leichtathlet Danny Ecker und viele mehr.
Clifford Opoku-Afari | Dr. Nicolai Worm
Heike Lemberger
978-3-927372-41-2 19,95 €

LOGI und Low Carb in der Sporternährung.
Glykämischer Index und glykämische Last – Einfluss auf Gesundheit und körperliche Leistungsfähigkeit.
Jan Prinzhausen
978-3-927372-30-6 24,90 €

Bauch, Beine, Po – das LOGI-Workout für Frauen. (DVD)
Inklusive ausführlichem Booklet.
M. Maier | Dr. N. Worm 8,99 €
978-3-927372-98-6 ~~14,95 €~~

#POWERFÜRDICH. (DVD)
Trainiert, schlank & sexy. Das 12-Wochen-Programm von Promi-Trainer Cliff.
Clifford Opoku-Afari
978-3-95814-010-3 14,99 €

Endlich schlank ohne Diät.
Erfolgreich abnehmen ohne Jo-Jo-Effekt und Kalorienzählen – nach dem LOGI-Erfolgsprinzip von Dr. Nicolai Worm.
Anna Cavelius 7,49 €
978-3-942772-10-5 ~~9,99 €~~

LOGI im Alltag, in der Praxis und in der Klinik.
Andra Knauer 6,99 €
978-3-942772-31-0 ~~8,99 €~~

Die LOGI-Jubiläumsbox.
10 erfolgreiche, glückliche und schlanke Jahre mit der LOGI-Methode. Enthält DIE drei Standardwerke rund um die LOGI-Methode zum Jubiläumspreis.
· Glücklich und schlank.
· Das große LOGI-Kochbuch.
· Das neue große LOGI-Kochbuch.
Dr. Nicolai Worm | Franca Mangiameli
Heike Lemberger
978-3-927372-68-9 55,00 €
(erhältlich solange der Vorrat reicht)

Noch mehr LOGI.
Die LOGI-Fisch-, -Back- und -Grillbox. Über 400 raffinierte Rezepte.
Die Box beinhaltet:
· das große LOGI-Fischkochbuch
· das große LOGI-Grillbuch,
· das große LOGI-Back- und -Dessertbuch
Heike Lemberger | Franca Mangiameli
Susanne Thiel | Anna Fischer
978-3-942772-48-8 45,00 €
(erhältlich solange der Vorrat reicht)

LOGI durch den Tag.
Kombinieren Sie Ihren LOGI-Abnehmplan aus 50 Frühstücken, 50 Mittagessen und 50 Abendessen. Maximale Sättigung mit weniger als 1.600 Kalorien und 80 Gramm Kohlenhydraten pro Tag!
Franca Mangiameli
978-3-95814-007-3 26,00 €

Das LOGI-Menü.
Logisch kombiniert: 50 Vorspeisen, 50 Hauptgerichte, 50 Desserts.
Franca Mangiameli
978-3-95814-006-6 26,00 €

Die LOGI-Akademie.
LOGI lehren – LOGI verstehen. Ein Leitfaden zur Patientenschulung und zum Selbststudium.
Franca Mangiameli 34,99 €
978-3-927372-59-7 ~~48,00 €~~

Happy Carb: Meine liebsten Low-Carb-Rezepte.
Happy-Carb-Bloggerin Bettina Meiselbach verrät uns ihre 150 »Erfolgsrezepte« für mehr Gesundheit und Genuss.
Bettina Meiselbach
978-3-95814-075-2 19,99 €

Happy Carb: Mehr Low-Carb-Lieblingsrezepte.
Happy-Carb-Bloggerin Bettina Meiselbach präsentiert weitere 150 bunte Low-Carb-Rezepte mit der Extraportion Happiness.
Bettina Meiselbach
978-3-95814-103-2 22,00 €

Happy Carb: Diabetes Typ 2 – nicht mit mir!
Erfolgsbloggerin Bettina Meiselbach verrät ihr persönliches Low-Carb-Geheimnis gegen Diabetes. Mit 30 inspirierenden Rezeptideen.
Bettina Meiselbach
978-3-95814-062-2 19,99 €

Happy Carb to go.
44 Low-Carb-Rezepte für unterwegs.
Bettina Meiselbach
978-3-95814-088-2 12,00 €

Happy Carb: Ratzfatz Low Carb gekocht.
55 Low-Carb-Rezepte, einfach und schnell für jeden Tag.
Bettina Meiselbach
978-3-95814-111-7 12,00 €

Die Low-Carb-Alltagsküche.
110 Koch- und Backrezepte, die JEDER kann!
Beate Strecker
978-3-95814-034-9 19,99 €

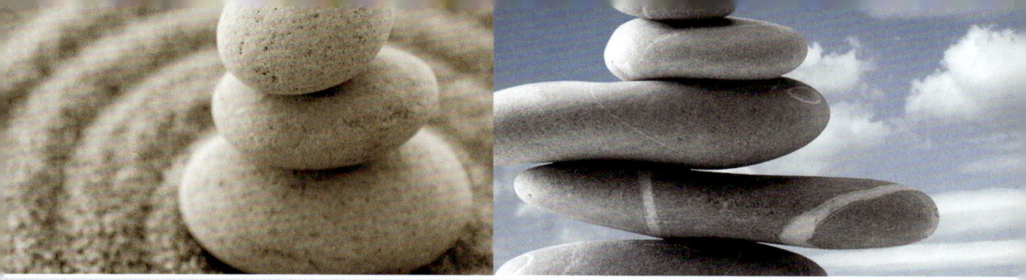

Yoga & Achtsamkeit

Das Hatha Yoga Praxisbuch.
Für Einsteiger und Fortgeschrittene.
Marcel Anders-Hoepgen
978-3-95814-035-6 **29,99 €**

Sonderedition
Endlich gut schlafen. (Doppel-CD)
»Gut schlafen« & »Besser schlafen« – die Klassiker in einem Paket.
Marcel Anders-Hoepgen
978-3-95814-102-5 **15,00 €**

Die Yogi-Methode.
30-Tage-Challenge zur achtsamen Ernährung.
Vegan – ayurvedisch – yogisch.
Marcel Anders-Hoepgen
978-3-942772-69-3 **19,99 €**

Anti-Stress-Yoga.
Kartenbox mit 18 Rezepten und 56 Asanas.
Petra Orzech
978-3-942772-85-3 **14,99 €**

BEST-SELLER
auch als eBOOK
Schlank durch Achtsamkeit.
Durch inneres Gleichgewicht zum Idealgewicht.
Ronald Pierre Schweppe
978-3-942772-90-7 **14,99 €**

Glückliche Kinder.
Erziehung in Liebe und Achtsamkeit.
Aus der Reihe »mitGefühl«
Ronald Pierre Schweppe
978-3-95814-000-4 **2,50 €**

Sampoorna Hatha Yoga Stunde. (DVD)
Stufe 1
Marcel Anders-Hoepgen
978-3-927372-64-1 **17,95 €**

Sampoorna Hatha Yoga Stunde. (CD)
Stufe 1
Marcel Anders-Hoepgen **9,79 €**
978-3-927372-65-8 ~~14,95 €~~

Marcel Anders-Hoepgen
Besser schlafen. (CD)
Entspannung für die Nacht.
978-3-942772-25-9 **9,99 €**
Kraft tanken. (CD)
Entspannung für den Tag.
978-3-927372-61-0 **7,99 €**

Achtsam abnehmen.
33 Methoden für jeden Tag.
Ronald Pierre Schweppe
978-3-942772-99-0 **12,99 €**

Starke Partner.
Beziehung in Liebe und Achtsamkeit.
Aus der Reihe »mitGefühl«
Aljoscha Long
978-3-95814-001-1 **2,50 €**

Sampoorna Hatha Yoga Stunde. (DVD)
Leichte Mittelstufe
Schwerpunkt: Dehnung der Hüften
Marcel Anders-Hoepgen
978-3-942772-04-4 **17,95 €**

Nada-Yoga-Musik-Reihe.
Marcel Anders-Hoepgen

Eternal OM (CD) 978-3-942772-16-7	9,99 €
Shanti (CD) 978-3-942772-29-7	9,99 €
Runterkommen (CD) 978-3-942772-17-4	9,99 €
Gelassenheit (CD) 978-3-942772-15-0	9,99 €

Marcel Anders-Hoepgen

Bauchmuskulatur stärken (CD) 978-3-927372-75-7	8,95 €
Gleichgewicht (CD) 978-3-927372-72-6	8,95 €
Oberen Rücken stärken (CD) 978-3-927372-73-3	8,95 €
Unteren Rücken stärken (CD) 978-3-927372-74-0	8,95 €

Warum Stress dick macht
… und warum wir entspannt schneller abnehmen.
Ronald Pierre Schweppe **9,75 €**
978-3-942772-51-8 ~~12,99 €~~

Dauerhaft schlank.
Ernährung mit Liebe und Achtsamkeit.
Aus der Reihe »mitGefühl«
Dr. Julia Bollwein
978-3-95814-002-8 **2,50 €**

Hatha Yoga Stunde. (DVD)
Leichte Mittelstufe
Schwerpunkt: Kraftaufbau
Marcel Anders-Hoepgen
978-3-927372-84-9 **17,99 €**

auch als eBOOK
Der Burnout-Irrtum
Ausgebrannt durch Vitalstoffmangel – Burnout fängt in der Körperzelle an! Das Präventionsprogramm mit Praxistipps und Fallbeispielen.
Uschi Eichinger | Kyra Kauffmann
978-3-95814-042-4 **19,99 €**

Selbstheilung.
Gesundheit durch Liebe und Achtsamkeit.
Aus der Reihe »mitGefühl«
Fei Long
978-3-95814-003-5 **2,50 €**

Sonnengruß, Teil 2. (DVD + CD)
Der perfekte Stressabbau.
Marcel Anders-Hoepgen **9,99 €**
978-3-927372-97-9 ~~16,95 €~~

Hebammen Yoga.
Übungen zur Geburtsvorbereitung und Rückbildung. ***Inkl. Mantra-Audio-CD.***
Marcel Anders-Hoepgen **5,99 €**
978-3-927372-99-3 ~~19,99 €~~

Yoga X-Large.
Auch Dicke können Yoga machen!
Yoga- und Bewusstheitsübungen für Menschen mit Plus-Size-Körpern.
Birgit Feliz Carrasco
978-3-942772-77-8 **17,99 €**

auch als eBOOK
Die Anti-Stress-Ernährung.
Die LOGI-Methode zur Stressbewältigung. Mehr Power für die Körperzellen.
Uschi Eichinger | Kyra Kauffmann
978-3-95814-032-5 **19,99 €**

systemed Verlag
Kastanienstraße 10
D-44534 Lünen
Telefon 02306 63934
Telefax 02306 61460
www.systemed.de
faltin@systemed.de

Hebammen Yoga. (Doppel-DVD)
Übungen zur Geburtsvorbereitung und Rückbildung.
Marcel Anders-Hoepgen
978-3-942772-03-7 **16,95 €**

Sonderedition
Der Sonnengruß. (Doppel-DVD)
Workout für den Morgen voller Energie und Kraft. Entspannung für den Abend und guten Schlaf.
Marcel Anders-Hoepgen
978-3-95814-067-7 **17,99 €**

systemed verlag

Impressum

REDAKTION:
systemed Verlag, Lünen
systemed GmbH, Kastanienstr. 10, 44534 Lünen

FOTOGRAFIE:
Bettina Meiselbach, Carsten Meiselbach, www.happycarb.de
Brigitte Sommer (Seite 2, Seite 6)

GESTALTUNG, ILLUSTRATIONEN, SATZ:
rosavision, Simone Ruths, www.rosavision.de

ILLUSTRATIONEN:
"BETTI": Signyra, www.signyra.com

UMSCHLAGGESTALTUNG:
Simone Ruths

DRUCK:
Grafisches Centrum Cuno GmbH & Co. KG, Calbe

ISBN:
978-3-95814-111-7

1. Auflage

Pesto